丝绸之路
文化丛书

———

历史篇

古城驼铃

湮没的丝路奇台商道

王海英

著

GUANGXI NORMAL UNIVERSITY PRESS

广西师范大学出版社

·桂林·

图书在版编目（CIP）数据

古城驼铃：湮没的丝路奇台商道 / 王海英著. --
桂林：广西师范大学出版社，2020.9
　（丝绸之路文化丛书. 历史篇）
　ISBN 978-7-5598-3190-3

Ⅰ．①古… Ⅱ．①王… Ⅲ．①丝绸之路－商路－研究
Ⅳ．①F729

中国版本图书馆 CIP 数据核字（2020）第 167598 号

广西师范大学出版社出版发行

（广西桂林市五里店路 9 号　邮政编码：541004 ）
（网址：http://www.bbtpress.com ）
出版人：黄轩庄
全国新华书店经销
保定市中画美凯印刷有限公司印刷
（河北省保定市西三环 1566 号　邮政编码：071000 ）
开本：880 mm × 1 240 mm　1/32
印张：7.875　字数：170 千
2020 年 9 月第 1 版　2020 年 9 月第 1 次印刷
定价：70.00 元

如发现印装质量问题，影响阅读，请与出版社发行部门联系调换。

总　序

　　丝绸之路曾经塑造了过去的世界，甚至塑造了当今的世界，也将塑造未来的世界。

　　2013年，习近平总书记提出共建"丝绸之路经济带"和"21世纪海上丝绸之路"的重大倡议，得到国际社会高度关注。在经济全球化背景下，复兴丝绸之路，属于"中国梦"的重要部分。从历史发展的眼光审视，丝绸之路彰显的是一种风雨兼程、同舟共济、心手相连的人类命运共同体意识。在21世纪的今天，我们有责任保存好丝绸之路这张识路地图，将它交给子孙后代，交给未来，交给与我们共生共荣、共建共享的世界。

　　昌吉回族自治州作为丝绸之路核心区的一个重要节点，具有深远的历史价值和现实意义。昌吉，地处天山北麓、准噶尔盆地东南缘，古称庭州。此区域为横亘南部天山的北坡，习惯称之为"天山北坡"。昌吉历史悠久，早在新石器时期就有原始人类活动。西汉神爵二年（公元前60年），汉朝设西域都护府后，历代中央王朝均在此设官置府。1954年，昌吉建州。

　　昌吉有骄人的辉煌和繁荣。历史上，随着丝绸之路开通，数千年来昌吉都是主要的通道区域，素有"丝路要冲，黄金通衢"之誉。区域内的神山博格达、汉代疏勒城、唐代北庭都护府、元代别失八里城、清代东西方商贸大道枢纽古城奇台，以及木垒四道沟出土的天山地区最早的谷子与小麦、呼图壁的康家石门子岩刻画、玛纳斯的天山碧玉等，俱为新疆历史的见证。新中国成立以来，昌吉这片古老而神奇的热土开辟了历史发展的新纪元。西部大开发战略的实施，给昌吉的全面振兴带来了宝贵的机遇，经济社会持续快速发展，现代化建设日新月异。

今天，昌吉州独特的天山北麓经济带地理区位、厚重的丝绸之路历史底蕴，在"一带一路"核心区新疆发展大潮中又一次重回潮头。

以史为鉴，可以知兴替。

丝绸之路文化丛书的出版，有助于我们更好地了解昌吉的过去，把握昌吉的今天，展望昌吉美好的未来。

丛书历史篇包含《天山的种子——木垒的历史与文化》《古城驼铃——湮没的丝路奇台商道》《神山博格达》《天山女神——康家石门子岩刻画文化探新》《天山瑰宝——玛纳斯碧玉的前世今生》五卷，通过山川风物的开掘呈现，涵盖丝绸之路精华焦点，重现"一带一路"途经的千年古迹、沧桑古道。

丛书内容精当，史料翔实，脉络清晰，图文并茂，融知识性、可读性于一体，为广大读者提供了一种独出心裁的视角，让我们有了一个了解昌吉历史文化的读本，有了一个展示昌吉历史文化的窗口。

历史文化是一个地方的根脉与灵魂。回顾并梳理昌吉的历史文化，可以从一个极为重要的角度了解中华文明及其对人类文明的伟大贡献，延续优秀文化之脉，增强我们创建现代文明的自信心与自豪感。

回顾历史的进程，我们深深地感到，每一代人都承担着自己的历史使命。在建设中国特色社会主义的道路上，在实现中华民族伟大复兴的进程中，奋发图强，加快发展，为昌吉的全面振兴奠定坚实的基础，是我们义不容辞的责任。知史明志，我们应当多一点责任感和紧迫感，以求无愧于历史。

我们坚信，昌吉在共建"丝绸之路经济带"的进程中必将再创辉煌，昌吉的明天将会更加美好。

前　言

　　2014年8月，去吉尔吉斯斯坦，当然，也去了托克马克市，距托克马克市区10多公里处的布拉纳塔，这座保存完好的古塔，在9世纪末，是丝绸之路上的贸易中心。上到塔顶眺望对面的天山雪峰，面前的那片谷地是碎叶河（又名楚河）河谷，天山北麓的峡谷是古代王朝的使节、商人、僧侣、军队西行到楚河流域和西域各国的通道。之后，去了距托克马克市8公里处的碎叶城遗址，丝绸之路北道进入中亚后的一个重镇，这里曾经是汉、唐版图中的疆域。唐朝时期，碎叶城是安西都护府最西边的城镇，安西四镇之一。它曾经的繁荣，已被历史的尘埃湮没。2019年2月，来到奇台，站在唐朝遗址吐虎玛克城前，不由得把这两座古城联系起来，那是丝绸之路西域北道上的两座商贸大都城，只是它们曾经的辉煌、繁荣，都被人们淡忘了。

　　而后起的耀眼的欧洲崛起的故事，遮蔽了这些曾经辉煌的城市。

　　2016年6月，沿着天山、长城外、国境线，走过额济纳的土尔扈特王爷府，走过巴丹吉林沙漠，过阴山，经百灵庙到包头，进呼和浩特。一路走着，看着，寻找湮没在茫茫草海中，沉寂在荒漠戈壁上，消失在沙漠中的商道、驼道的痕迹。一望无际的瀚海戈壁，只看到天际处的薄雾，雪雨风沙已抚平了大地，历史那喧嚣的一幕翻过去了。

在西域这片疆域，丝绸之路的古道上，古城奇台，是一个占地面积不大、居住人口不多的城市，却在那段时间——清朝到民国初，成为从东至西，从京津至中亚、俄罗斯，远近闻名的大商埠、大都会型城市。它是怎样从古丝绸之路众多商埠枢纽中脱颖而出的呢？

古城奇台的崛起源于它众多的天然优势。它拥有优越的地理交通地位，位居天山北路交通要道，更是一个八方通衢之地。从北方乌里雅苏台出发的蒙古商队，由东边的张家口、归化启程的内地驼队向西而来，自西边的伊犁、中亚地区以及从南面的吐鲁番、喀什噶尔远道而向东来的商队，都汇集在古城奇台。沿途优良的草场宜于驼队经过，不设关卡的往来商路，免去了赋税烦琐之手续，无古老社会难以消除的特殊权力的束缚。奇台城的繁荣，店铺鳞次栉比，骆驼日夜穿梭于市，驼铃声昼夜不息。这里曾经有着丝绸古道上的从未消失的驼铃声。

这座因地理位置而偶然获繁荣的城镇，既没有宝贵的资源，也没有外国货物的巨大市场。它的繁荣因它拥有当时中国最出色的商人，尤其是晋商、津商等特点突出的区域类型商人名头响亮。正是因为这些商界巨擘钟情于此地，古城奇台的商业才盛极一时，并得以成为"天山北路第一门户"。在这一过程中，古城奇台得到了极大的发展，而获益更多的是新疆地区。

天山北路一连串的城镇中，早期的古城奇台非常弱小，微不足道，完全不为世人所注意，但是地理条件、政治格局，还有地缘政治的因素都促使其成长，使其超越了它的左邻右舍，成功地——当然也常常是痛苦地——在努力应对了城市内部的各种冲突与发展阵痛之后，最终成为新疆特定历史时期的大商埠。古城奇台是一座最具有传奇色彩的天山丝路商贸大城。

笔者在查阅大量的文献资料的过程中，慢慢地看到了古老的商道上发生的许多故事。跟随朝圣者、军队、牧人和商人旅行的足迹，看到他们伴随着商贸交易的进行所发生的思想文化交流，以及个体与社会相互的适应和不断的成长。同时也看到看懂了古城从小到大的发展与成长过程。

因而，古城奇台本身就是值得向人们讲述的传奇故事。这个丝绸之路上的商埠，从弱小到兴盛又到平淡的历史印记，真可谓是地覆天翻。通过古城奇台命运的发展、变化，不仅可以深切体会到中国人民当家作主的艰难历程，而且也可以真切地体验到，只有中国人民自己，才能建设好我们美好的家园。中华民族历经沧桑、饱受磨难，却绵延不绝、历久弥新的历史发展过程，也是古城奇台甘苦与共的自身发展历史。本书力图以一种较通俗的叙述方式，告诉读者朋友们古城奇台的历史传奇与故事。在此，恳请大家评说指正。

目　录

引 言

天山山脉东部博格达峰的脚下，有一座传奇的小城。它就是古城奇台，也被称作古城子。此古城，并非它古老而被称作古城。只因先民们来到这片富饶的地带落脚时，依着附近的一座古城遗迹——唐朝蒲类县城遗址，是丝绸之路北道进入西域的一个重镇。因依附了古迹而被称作"古城"。清朝时，唐朝蒲类县城遗址的四周地势平坦开阔，水丰草茂，阡陌相连，是天山南北及中西两地的必经之地，很自然地形成了军运、农贸的一个货物集散点。西域地区战事此起彼伏，清政府在此地建军事堡，由于该址是唐朝所置蒲类部古城遗址，所以这里就命名为古城。1775年，为了驻兵的需要，在此新建城堡"满城"——"靖远城"（原名孚远城），驻扎由巴里坤移来的八旗军。此时的"古城"是军事中心，尚未成为政治中心，奇台地区的政治中心仍在奇台县治靖宁城（今老奇台镇）。而这时的"古城"商贸集市日趋繁荣。1824年，"古城"设立税局，直接由陕甘总督派员，抽分税课。1886年，

图1 唐代天山廊道——郝遮镇至冯洛守捉。冯洛，今吉木萨尔县三台镇冯洛村。2014年，中哈吉三国联合申报"丝绸之路：长安—天山廊道的路网"世界遗产项目首获通过。新疆奇台县北道桥遗址——郝遮镇，吉尔吉斯斯坦的阿克·贝希姆遗址（碎叶城）、布拉纳遗址，都是丝绸之路上的重镇

图2 唐疙瘩古城，位于奇台县内的唐代蒲类县遗址。古城大部已毁，唯残留夯筑体，略呈方台形。占地面积约为17.5平方米，东西长5米，南北宽3.5米，残高1.4米，夯层厚6—10厘米。遗址附近地面见到粗砂红陶瓮残片、灰陶罐残片

在"古城"设置粮台，作为西路总局，由直隶州管理，并辖领乌里雅苏台、科布多两城分局。此时的"古城"，成为19世纪后半叶天山北路的商贾云集的经济中心。1889年，奇台县治改建，迁移至靖远城（今古城镇）。[1] 新的县治，仍然命名奇台，这就有了老奇台镇和奇台县，人们仍然习惯称它为"古城"。"古城"在清末民初时，是很响亮诱人的名字，在古老的商道上人人皆知，从北京、天津到归化城，从归化城到西域奇台的几条商道的沿线城镇的商人们，自伊犁、塔城到中亚地区及俄罗斯的商人们都知道"古城"，这是一个富足繁荣的城市，满地是银子的城市。[2] 这座沧桑的古城，虽然不大，倒也市井繁华，是南通北达、东西贯通的富泽宝地。在当时，古城奇台已经成为天山北路的大商埠、货物运转中心。商品货物极大丰富，影响着西域、中亚及内地的物流，举足轻重，号称"旱码头"。

当丝绸之路已经为世人所知的时候，草原丝绸之路仍然湮没无闻。草原民族没有书写历史的传统，吟唱和冥想像草原上的云和风一样萦绕在这片肥美的土地上。草原丝绸之路上古代居民没有像丝绸之路那样给后人留下烽燧、城郭的地表遗存，或连环画故事一样的壁画和洞窟浮雕，也没有像楼兰一样的令人惊叹的札木简文书，汉文、梵文、佉卢文、粟特文书等被沙埋封存在地下。草原丝路上的古代居民，逐水草而居，但佩戴的装饰品却异乎寻

---

1 魏荃：《奇台县史的源流》，载政协奇台县委员会编印《奇台文史》（第2辑），内部资料，2015，第5页。
2 周海山：《古城商业史话》，载政协奇台县委员会编印《奇台文史》（第1辑），内部资料，2015，第325页。

常得多。

欧亚大陆上这片大草原广袤无垠。东起蒙古草原向西越过阿尔泰山进入哈萨克草原，继续往西渡过乌拉尔就是里海与黑海北岸的南俄草原，也称为里海—黑海草原，它一直延伸到德涅斯特阿地区，是横贯于欧亚北方草原地带的一条古老的交通线。整个欧亚大陆草原，是由三个既各自独立又相互连接的地理区域组成的，即欧亚大草原东端的蒙古高原及周边地区、欧亚大草原西端里海、黑海北岸的俄罗斯—乌克兰大草原，及处于欧亚大草原中部的阿尔泰山脉及周边地区。阿尔泰山脉是坐落在亚洲中部的巨大山系，呈西北—东南走向，它是斜跨中国西北地区、哈萨克斯坦东北部、俄罗斯南部、蒙古国西南边境地区的一条绵延2000多公里的巨大山脉。阿尔泰山的西北部在哈萨克斯坦和俄罗斯境内，再向西南延伸至额尔齐斯河谷地。而在中国境内的阿尔泰山属于整个阿尔泰山脉中段的南坡，南邻准噶尔盆地。阿尔泰山东部在蒙古国境内。[1] 这几大草原具有一些自然条件方面的优势。值得注意的是：一是地势相对平坦，易于通行。杭爱山与阿尔泰山之间的蒙古西部草原地面起伏不大。阿尔泰山既高且长，但相对高度不是很大，而且山间有不少比较便于通行的隘口与河流谷地。成吉思汗的西征大军就是通过这些隘口谷地顺利进入中亚的。哈萨克大草原面积辽阔，一望无际，地势低平，一两百万平方公里范围内几乎没有真正的山丘。南俄草原和黑海沿岸平原地

1　丁笃本:《丝绸之路古道研究》，新疆人民出版社，2010，第9页。

势更加低平，骑马行进，速度极快。当年蒙古大军西征，如风驰电掣一般掠过这几大草原，直捣东欧腹地。二是水草丰美。草原丝绸之路河川纵横，湖泊众多。自东向西依次排列着扎布汗河、额尔齐斯河、乌拉尔河、伏尔加河、顿河、第聂伯河、德涅斯特河、多瑙河等水量丰沛的大河。著名的大湖有哈尔乌苏湖、斋桑泊等。[1] 人们长途旅行期间，饮水没有问题，坐骑的饲草也很充足。

　　不过，在草原长途旅行有着明显的困境。一是气候寒冷，草原丝绸之路所经过的地区纬度较高，尤其是蒙古草原和哈萨克草原靠近西伯利亚冷高压中心，北面没有高山屏障，冷空气长驱直入，导致冬春季节天气奇寒，暴风雪肆虐大地，这是商旅难以适应的环境和难以克服的困难。二是在古代，草原丝路经过的草原地带不利农耕，只宜游牧，因此，人口稀少，而且居无定所，没有城镇，就是固定的村落也难得一见，过往行人很难找到食宿补给的地方。南俄草原直到15世纪以后因俄国哥萨克的进入才逐渐得到开垦，而哈萨克草原迟到20世纪50年代苏联大垦荒之前，大部分都是所谓的"处女地"，而蒙古草原至今还是以游牧为主。还有大草原景观极其单一，没有容易辨认的自然标志，也没有固定的居民点，找不到道路的痕迹，人们行经其中很容易迷失方向，会绕不少的弯路，这些都是不利于旅行的因素。

　　从历史上看，阿尔泰山及周边地区也确是众多民族的栖居地，特别是纵横驰骋其间的草原游牧民族。由于这里的特殊的地理位

1　丁笃本：《丝绸之路古道研究》，新疆人民出版社，2010，第10页。

置，自古以来就是东西方文化的聚集之地，因此，它也自然地成为东西方经济文化交流的重要枢纽。

清代以前，天山北麓的人口迁移比较频繁，从汉朝以来，整个地区均处在一个人口的迁移过程中。这种人口迁移是大规模、大范围的流动，天山北麓就像是一个流动的舞台，供各个民族轮流上演，除当地原有的民族外，其他主要民族有塞种、大月氏、乌孙、呼揭、姑师、匈奴、高车、丁零、鲜卑、柔然、突厥、西辽、铁勒、回鹘、吐蕃、蒙古等。可以说从汉朝到清朝没有一个民族一直待在这个地方，而是不同的民族轮流控制着这一地区。[1]草原丝绸之路，中国的丝绸沿着贯通欧亚大草原通道源源不断地输往中亚和欧洲地区，这些商品首先到达阿尔泰山区和额尔齐斯河上游，然后沿着欧亚草原通道向西传播。据记载，苏联境内阿尔泰边区巴泽雷克墓葬（今俄罗斯戈尔诺阿尔泰省乌拉干区乌拉干河畔）中出土的公元前5世纪的精致丝织品和刺绣着凤凰图案的茧绸、漆器以及"山"字纹的青铜镜就提供了有力的证据。由于这些古墓地处苏联南西伯利亚的冰天雪地中，如同进入了天然的大冷库，所以，虽然经历2600多年之久，许多随葬品依然完好。巴泽雷克墓葬的发现使中国内地的丝绸输出时间比张骞出使西域提早了近400年左右。巴泽雷克遗址的出土文物中，有来自中国的铜镜、漆器和许多丝绸，它们被考古学家证明是来自中国内

1　阚耀平：《清代天山北路人口迁移与区域开发研究》，复旦大学博士论文，2003。

陆。[1]巴泽雷克的墓葬中的漆器，是楚国的漆器。[2]中国的丝绸及其他商品正是通过欧亚草原东端的蒙古高原传至阿尔泰山区的，然后从这里再往西传播。匈奴人、蒙古人走的也是这条欧亚草原通道，包括道教全真派掌教长春真人丘处机去中亚朝见成吉思汗时，走的还是这条欧亚草原通道。他是经蒙古高原上的科布多盆地，翻越阿尔泰山向南经古城奇台，畏兀儿酋长设葡萄酒及名果、大饼、浑葱款待他。[3]之后向西北经赛里木湖旁，过果子沟入伊犁，进入中亚地区，到达迁移不定的成吉思汗的行宫。

8世纪中叶至9世纪中叶，长达百年的欧亚草原丝绸的贸易，几乎被回鹘人操控着。这是欧亚草原经济文化交流一个重要的时代。史称这一时期的欧亚草原通道为"回鹘路"。当时，居住在北庭北面的回鹘部落，史称"北庭回鹘"。漠北草原南下逾沙漠至庭州，很久以前便有往来通道相连，历来为北方草原游牧民南下西域地区的通道，即唐代"回鹘路"。[4]"回鹘路"在新疆的路线大致是，从北庭（今吉木萨尔县东北），经蒲类（今奇台县唐朝墩），至郝遮镇（今奇台县北道桥古城遗址），穿越准噶尔盆地东戈壁，到达阿尔泰山，从科布多、乌里雅苏台等地向东北方向至今色楞格河与鄂尔浑河一带——那里大约是当时回鹘牙帐所在

1　徐英：《欧亚草原丝路的贯通及意义》，《艺术探索》2009年第2期。

2　王炳华：《从新疆考古觅丝路精神》，《新疆日报》2017年6月15日第10版。

3　奇台县史志编纂委员会编《奇台县志·大事记》，新疆生产建设兵团出版社，2009，第12页。

4　陈国灿编著《高昌社会的变迁》，新疆人民出版总社、新疆科学技术出版社，2013，第218页。

图3 单乳凸环耳铜镀,红铜。
1975年奇台县坎儿孜四队出土,
现收藏于昌吉州博物馆

图4 青铜驼铃,直径11厘米。
1986年奇台县废品站收购,现
收藏于奇台县博物馆

图5 青金石料珠项链(元代)。1997年奇台
县博物馆东湾镇墓葬采集。青金石就是天青
石,是我国传统的重要玉石原料,但我国古
今均未发现天青石产地,自古以来,所用天
青石皆来自巴达克山

地，然后再向西进入欧亚草原的腹地。[1] "回鹘路" 是横穿奇台县全境的，就在奇台人的足下，不过奇台人习惯称它为 "走北山的路"。17世纪，漠西蒙古分解成杜尔伯特、准噶尔、和硕特、土尔扈特等部。随着准噶尔部不断强盛，逐渐控制了天山南北，周边的俄国人和哈萨克人也逐步扩张，土尔扈特部处境越发艰难，开始了由新疆额尔齐斯河上游地区前往伏尔加河三角洲的大迁徙，成为现在俄国西南部卡尔梅克人，生活在南俄草原上。1771年，蒙古土尔扈特部的渥巴锡带领土尔扈特民众，从伏尔加河岸一路向东跨越中亚，沿着欧亚大陆草原通道，最终抵达新疆，回到祖国。

欧亚大陆的相通，是这种交流发生的必然条件，在古代，人们还不了解海上信风，从海路达成联系的可能性较小，所以从陆路上移动迁徙交流是一种必然的选择。各地人们彼此的差异，达成了交流的愿望和可能。

古城奇台就处在草原丝路、回鹘路、丝绸之路上，这些路并不是分得那么清晰，而是相互缠绕的。清朝时期，内地通往西域的军旅之路和商旅之路都是走的这条草原通道。从归化城出来，穿过蒙古高原，进入阿尔泰山区，南下到达古城奇台。草原丝路从未中断过，像游丝一样绵延着，维系着不同族群之间的相互补给和的生命线。欧亚草原丝路不应该，也不可能被人们遗忘，不仅仅因为它成就了人类自身发展的一段漫长的文明史，也因为它

1　徐英：《欧亚草原丝路的贯通及意义》，《艺术探索》2009年第2期。

可以贡献于今天。

清朝在入关之前就使漠南蒙古各部臣属了，1691年，喀尔喀蒙古各部也归属了清朝，但是天山以北的准噶尔部蒙古坚持与清朝为敌，准噶尔部占据新疆，极大地刺痛了清王朝的神经。从1755年起，经过三年激战，清朝大军平定了准噶尔部，夺取天山北路。接着清军又剿灭和卓叛乱，收复天山南路。就这样清朝再次统一了新疆全境，而且将巴尔喀什湖至伊塞克湖地区纳入了中国版图。19世纪，俄国不断向中国发动侵略，掠夺了包括西北边境在内的大片中国领土。这样一来，中国通过丝绸之路与中亚、西亚的联系便陷于停滞与衰退状态。

这个处于农耕区与游牧区的集合带上的古城奇台，历经了无数的战争的苦难。我国西北地区自古以来就是各王朝的统辖重点，自汉朝打通丝绸之路后，历朝历代均为如何管辖西北地区费尽心血。康雍乾三朝因不愿失去中华疆域的一寸土地，西征作战70多年，征战无比艰难，却意义深远。

第一章　准噶尔侵扰下的西域和清朝的统一

第一节　清朝平定准噶尔部

古城奇台地区，从地理位置看，位于新疆维吾尔自治区东北部，昌吉回族自治州的东部，天山山脉东段博格达峰北麓，准噶尔盆地东南缘，北有喀拉玛依勒山和北塔山，南有天山。地处东经88°30′—91°22′，北纬43°25′—45°30′。东邻巴里坤哈萨克自治县，西接济木萨县，西北与富蕴、青河两县毗邻，南隔天山与吐鲁番市、鄯善县、乌鲁木齐县相连，北越卡拉麦里山和富蕴相连，东北与蒙古国接壤，是乾隆以后天山北麓兴起的重要城镇。

奇台地区属于温带大陆干旱气候，冬季严寒、夏季炎热，年温差大，积温高，降水量少，年平均降水量175毫米（南部山区年平均降水量550—660毫米，中部平原176.3毫米，年蒸发量2141毫米，北部沙漠降水量少于150毫米。北塔山地区降水量为160.5毫米，降水多集中在5、6、7、8四个月），气候干燥，平原

图 6　天山北麓博格达峰

区年均温4.7℃。一月均温 –18.4℃，七月均温23℃，南山区年均温度为3℃，沙漠5℃，北塔山区2.4℃，年均无霜期156天，年日照时数2280—3230小时。[1] 无论是热量、日照时间还是温度，这样的气候条件都是能够满足一般的农作物生长的。

在地形上，奇台地区南倚天山山地丘陵，北傍北塔山区，地势辽阔，地形复杂，南北高，中间低。地貌类型分为南部山地丘陵区、中部平原、北部沙漠戈壁、北部北塔山区四大部分。

奇台地区有着悠久的历史，西汉时属于蒲类国、车师后国和

---

[1]　奇台县史志编纂委员会编《奇台县志·自然环境》，新疆生产建设兵团出版社，2009，第62页。

车师后城长国；东汉时属于车师后部；东晋时属于柔然；北魏属于嚈哒；640年，唐朝在此设蒲类县和金满县；宋辽金时辽耶律大石率两百骑西奔，经黑水、可敦城，于北庭境内召集七州十八部会议，增强兵马，建置官吏，奇台归其所辖；明代时是蒙古卫拉特和硕部的游牧地；清朝时准噶尔部势力壮大后为准噶尔部的游牧地，至1759年，清政府完成了对新疆的统一。作为清朝的西北边陲，新疆的战略意义较之以往更为重要。而奇台，因所处的地理位置——交通要道，在历时70多年的平准战争中所起到了巨大作用，尤其是左宗棠收复新疆时，刘锦棠以奇台为指挥中心，以"缓进急战"的策略，在两年之内收复天山南北全境。

一、清朝平定准噶尔部

明末清初，中原地区王朝更替时，天山南北各地的势力也在发生着变化，到了清朝初年，天山以北的准噶尔部强盛起来。50多年的相对平衡的地缘政治格局，在1670年，准噶尔部首领噶尔丹即位后，被打破了。1678年，噶尔丹统一了厄鲁特蒙古；1680年，准噶尔向南灭掉了叶尔羌汗国；1683年，向东欲吞喀尔喀蒙古；1688年，准噶尔越过杭爱山，分路向喀尔喀左翼土谢图汗和车臣汗发动了进攻。准噶尔的行动直接导致了清政府在与沙俄谈判时，被迫放弃了贝加尔湖以东的领土。[1]此时，强大的准噶

1　刘传飞、张莉：《清代前中期的西北地缘政治演变》，《陕西师范大学学报》2014年第2期。

尔汗国政权与清政府在西北地区形成了对峙局面，并威胁到清政府对蒙古地区和西北地区的统治。沉寂已久的草原地带不安分地涌动起来。西北地区在清政府的地缘政治结构中地位由此陡然上升。然而，西域是被准噶尔控制的，准噶尔可以从西域各绿洲获取物资补给。至此，开始了持续70余年的平定准噶尔战争，最终清政府灭亡了准噶尔汗国，统一了西域地区，西域重新回到了中央朝廷直接的统治管理之下，奠定了今日中国西北疆域的基础。

中国历朝历代的统治者都看到了昆仑山、天山对国家王朝命运的重要意义。清朝在国家受到外部侵略、国库银两匮乏的时期，仍然向万国银行以高利息借款，用于收复西域。有一个重要的原因，昆仑山、天山是国家的龙脉，不能被他人切断占领，所以要举国力收复西域。

据《中国国家地理》介绍："中原大地背依中国的中央山脉——天山—昆仑—秦岭，是中国境内最大的山脉。"这样规模庞大、高峻绵长的山系全世界屈指可数。这是中国真正的龙脉。它从帕米尔高原腾空而起，天山是高昂的龙首，巨龙回首，看顾中华，西昆仑、中昆仑、东昆仑、巴颜喀拉山、秦岭是辗转腾挪、跌宕起伏、蜿蜒飞舞的龙身。所以，中原的龙脉祖山是昆仑山、天山。"也只有这条最长最雄伟的大山系才能造就中国最大的两条大河——黄河、长江。这两条大河在中原大地两边流淌，在中原大地前面的大海会合。中原大地拥有如此磅礴的'山环水抱'，也因此可称为是中国最大的风水宝地。"[1]

很长一段时间欧亚大陆处于繁荣昌盛或动荡不安中。既是古代文明的诞生地，也是刀光剑影的战场。处在亚洲腹地的新疆，不可能置身度外，这里是传播文明的通道，商业贸易的通道，是各种主要力量争夺之地。从秦汉，到唐朝出现的盛世，其跨越幅度之大、包含之广，前所未有。这片兼跨农耕、草原地带上，无不彰显着灿烂文明与强盛国威。清朝康雍乾奋力平定叛乱收复新疆，也因新疆的战略地位之重要。

1690年，康熙对向清朝挑衅的噶尔丹全面开战，在乌尔会河首次战役开战，1697年4月4日噶尔丹去世，其子也于当年被俘获，噶尔丹势力被彻底消灭。"从17世纪中叶至18世纪60年代，清政府为解决西北厄鲁特蒙古准噶尔部问题，前后历经一个世纪，其间经历了多次大战，如若从康熙二十九年（1690年）乌兰布通之战算起，至乾隆二十二年（1757年）阿睦尔撒纳走私俄国，也有70年，历康、雍、乾三帝，始告结束。"[2]被噶尔丹击败的喀尔喀部落归附清朝，西北地区的形势得到改善。直至1878年，新疆再起战事，左宗棠收复新疆后，清朝统一西域，西域的地缘政治结构恢复到一个相对平衡的状态。昆仑天山地区迎来一个相对平稳发展时期。

19世纪末，清王朝的衰落，对西域地区的战略力量的收缩，使这里成为中央政权的边缘地区。

1　单之蔷:《大中原——大风水》,《中国国家地理》2008年第5期。
2　朱诚如主编《清朝通史》康熙朝分卷,紫禁城出版社,2003,第319页。

清朝康熙时期，与准噶尔部噶尔丹的战争的主战场在北方蒙古，而西北地区天山以北大部分已被准噶尔部占领。1679年，一直窥视着吐鲁番政局变化的准噶尔部首领噶尔丹出军占领了哈密和吐鲁番等地，该地因此成为准噶尔汗国的一部分。1680年，噶尔丹大军趁势南下攻占了叶尔羌和喀什噶尔等地，东察合台汗国灭亡，天山南北各地由此都处于准噶尔部的统治之下。

1697年，侵扰蒙古地区失败后的准噶尔部首领噶尔丹暴病而亡，准噶尔部另一首领策妄阿拉布坦（1665—1727年）继统其部众。他上台后，立即派使臣到北京朝贡，希望和清廷保持友好关系，一度缓和了清廷和准噶尔部的紧张关系。但是，策妄阿拉布坦也具有强烈的军事征服欲望，而且也有一副不同常人的政治手腕。他利用手中的权力和本部强盛的军事力量，不断对四邻地区用兵。1698年，他派兵打败了相邻的哈萨克部众，扩大了准噶尔部众的游牧地。1700年，他派大军10万余人，越天山南下，一举征服天山南部各地，每年向当地维吾尔人征收10万腾格（1腾格值银1两）以上的贡赋。1716年，征派其弟大策零敦多布率精兵6000，长途奔袭，于次年到达拉萨，控制西藏。1723年，他再次攻打哈萨克、柯尔克孜各部，占领中亚塔什干、土尔克斯坦等重要城市。不仅使准噶尔部的势力大增，而且其统治地域也迅速扩大，包括阿尔泰山东西、天山南北、巴尔喀什湖以东以南的广大地区。[1]

1　陈国灿编著《高昌社会的变迁》，新疆人民出版总社、新疆科学技术出版社，2013，第277页。

图7 铜弩机（元代），长5.7厘米，宽1.7厘米，高2.4厘米。1997年七户乡七户村墓葬出土，现收藏于奇台县博物馆

图8 铜弩机，通长12厘米，最宽处3厘米。2013年奇台县民间征集，现收藏于奇台县博物馆

准噶尔部在对外扩张征服的过程中，还不断破坏与清朝达成的协议，纵兵侵扰清军控制的地区，清、准之间的军事冲突不断升级。1715年春，策妄阿拉布坦借口其贸易人员在哈密受到"阻截"，率兵2000人袭扰哈密，被驻哈密清军及哈密维吾尔军民击退。1717年秋，他派军队袭击拉萨，围攻布达拉宫，杀害已归属清朝的和硕特蒙古首领、主持西藏军政事务的拉藏汗，严重地威胁着清朝在西部的统治地位，迫使清廷决定对准噶尔再次出兵，清、准战事烽烟再起。

1718年，康熙帝命皇十四子允禵为抚远大将军，驻扎青海的西宁，全权指挥清军对准噶尔部的军事行动，首先驱逐进入西藏的准噶尔军队。为了配合进入青海、西藏作战的清军，清朝政府命振武将军博尔丹、征西将军祁里德、靖逆将军富宁安分别由阿尔泰（今阿勒泰）和巴尔库尔（今巴里坤）两路进击准噶尔，牵制准噶尔军队。

1720年，驻巴里坤靖逆将军富宁安率兵袭击奇台准噶尔部哨兵，并擒获多人。1732年，噶尔丹策零由奇台启程越过无竞岭，侵扰哈密。[1]

1739年，清、准双方达成停战和好的协议，划分了双方控制的大致疆界。自康熙到乾隆，这是第四次清、准停战协议。清朝政府除在巴里坤、哈密两地驻军防守外，将包括吐鲁番在内的其他地方驻军先后撤回关内。随着这一地区战事的停止，驻巴里坤

1　奇台县史志编纂委员会编《奇台县志·大事记》，新疆生产建设兵团出版社，2009，第14页。

的清军也撤回关内，只在哈密留兵5000名进行防守。至此，清朝与准噶尔在新疆地区的争夺暂时结束，停战协议也是暂时的。因为双方矛盾的实质是统一和割据的矛盾，双方为争夺我国西北地区控制权的斗争也远未结束。随着政治形势的变化，双方的矛盾又会激化。

乾隆皇帝执政初期，充分利用与准噶尔部休战和好，朝廷政局稳定的时机，在祖父康熙皇帝、父亲雍正皇帝所创基业的基础上，励精图治，发展经济。至1755年前后，清朝出现了前所未有的生产发展、社会安定、财政充裕、国力强盛的局面。

此时的准噶尔部内乱不断、日益衰落。鉴于消灭准噶尔政权的时机已经成熟，乾隆皇帝决定完成祖、父未竟事业，彻底解除清朝在西北地区的军事威胁。1755年春，清朝西、北两路大军共5万人分别从巴里坤、乌里雅苏台出发，一路势如破竹，很快在博罗塔拉河畔（今新疆博尔塔拉蒙古自治州境内）会师。接着，清军直捣准噶尔部政权中心所在地伊犁，在格登山合歼达瓦齐所率准噶尔军队主力，达瓦齐逃跑后不久也被活捉，送往北京安置。清朝征讨准噶尔部取得决定性胜利。同年，定西将军永常率大军从巴里坤西进，向准噶尔军队发动进攻。这时，准噶尔军队已从天山南部撤退，集中力量于天山北部阻止清朝军队的推进。在天山北部虽然又发生了阿睦尔撒纳等人的叛乱，迫使清军不得不派大军进剿，但清政府很快平定了叛乱。到1757年，清朝已完全确立了在天山北部地区的统治地位。但天山南北的政局仍处于动荡之中，直到1759年，霍集占兄弟带领部分族人及亲信匆匆逃到了葱岭以西的巴达克山。然而，国王速勒坦不愿得罪清廷，将二人擒获并处死，并把首级送至定边将军兆惠处。八月，这次平定回疆之战结束了。[1] 至此，天山南北两路实现统一，这一地区重新回到中央政权的统辖下。

到了同治年间，出现社会大动乱。1864年，在外部势力的唆使挑动下，新疆各地发生了反对清军统治的大动乱，清朝设在各地的军政机构很快瓦解。接着，境外浩罕地区的军官阿古柏，率军入侵天山南北，沙俄也出动军队侵占伊犁，新疆大部分土地沦入外来侵略者之手。

当时的大环境，天山南部有英国扶植的阿古柏，天山北部有盘踞伊犁、虎视东面的沙俄。这时的清政府财政已捉襟见肘。兼顾东南和西北两线作战的确相当困难。清廷内部对解决两线危机也产生了两种截然相反的意见：以直隶总督李鸿章为代表的一派出于自身利益的考虑，也出于对英俄帝国主义的恐惧心理，主张放弃新疆集中所有财力发展海军。

然而，面临着收复新疆的局势，这次出兵新疆比中国历史上任何一次用兵新疆都要艰难得多，危险得多。在我国历史上，从汉、唐到清朝前期，都是在国力强盛、财政充足的情况下出兵西域的。而这次却完全不同，中国早已沦为半殖民半封建社会，对外反侵略战争连遭失败，割地赔款的惨剧一再发生；国内又刚刚结束长达20多年的战争，生产力遭到极大的破坏，清廷本身腐败，

1　郭琪：《乾隆帝发兵征讨大小和卓——清廷巩固中华西北疆域记》，《中国档案报》2016年4月8日第2版。

财政危机。因此，西征军即开赴西域部队的粮饷不但不能优先保证，甚至连吃饭穿衣都遇到极大困难。从这一段时间左宗棠的奏稿书牍中，我们可以看到，大部分都是他向各处索讨应付饷粮的内容，为此，他常常是"绕帐彷徨，莫知所措"，有时愁到"寝食俱废"的程度。[1]出关部队欠饷累累，甚至背着生红薯行军，饿、渴都得吃它。[2]在封建社会军队里，由于粮饷不济而士兵哗变的事件屡见不鲜，用兵20多年的左宗棠当然知道没饷不能带兵，无钱没法打仗的道理。

从作战对象来说，这次出兵西北地区也不同于历史上任何一次。历代中央王朝进兵西域，其作战对象往往是比自己落后，或比自己弱小的地方割据政权。而左宗棠面临的敌人，一个是英国扶植的浩罕的阿古柏；一个是侵略野心极大、国力较强的沙俄，而且也可能直接与沙俄进行较量。他在谈到这两个敌人时说："安集延帕夏（阿古柏）狡悍能战，将来非数大恶战不能结局。""俄在外国最称强大，战阵与泰西各国大略相同，火器精利，亦复相似。"[3]面对如此强大的敌人，没有一定的勇气，是不敢主动地去挑这副担子的。

俄罗斯的野心急速膨胀，它已经成功地从一个摇摇欲坠的古老农业王国转型成为一个改革后野心勃勃的帝国，数十年来，一直在推进它的边界，吞噬着中亚大草原上新的领土和人口。没过

1　刘华明、郑长兴主编《左宗棠全传》，印刷工业出版社，2001，第196页。
2　秦翰才：《左文襄公在西北》，商务印书馆，1945，第93页。
3　刘华明、郑长兴主编《左宗棠全传》，印刷工业出版社，2001，第196页。

多久，大草原南部的更多疆域以及那些遍布亚洲心脏地带的绿洲，统统落入了俄罗斯的囊中。到了19世纪60年代末，塔什干、撒马尔罕、布哈拉以及富饶的费尔干纳谷地中绝大部分，都成了圣彼得堡的附庸国，并且最终都会被沙俄帝国吞并。沙俄帝国此时正在打造属于自己的庞大贸易交通网，该网络将俄国的西部边界和东方的符拉迪沃斯托克，北部的白海与南部的高加索山脉和中亚全都连接在一起。[1] 当时的俄罗斯国力强盛，野心膨胀，欧洲各国也避让之，仅有英国与之竞争，争夺地域与财富。

1876年，清朝政府命陕甘总督、钦差大臣左宗棠统帅军队驱逐外来侵略者，收复新疆。同年8月，清军攻占古牧地、乌鲁木齐、伪王城、呼图壁等城池，乌鲁木齐战役历时三个多月，消灭了阿古柏在天山北部的军队。随后收复玛纳斯之后，立即挥师南下，向吐鲁番进军。1877年3月，清军在刘锦棠、张曜、金顺等人率领下，在七克腾木、鄯善城、胜金口、吐鲁番城、托克逊等地大败侵略军，收复吐鲁番全境。至此，整个天山北路被平，东部收复，清朝政府又恢复了在这一地区的治理权。

左宗棠指出：要想防守中国西边边疆，只有收复整个新疆，闭关自守固然行不通，半途而废也不行。正是从这点出发，左宗棠才决心把收复新疆作为重要大业坚持到底。

清军在不到两年时间里收复天山南北，进行西征如此顺利的根本原因，在于战争的正义性，在于战争得到全国有力支援和各

1　彼得·弗兰科潘：《丝绸之路：一部全新的世界史》，邵旭东、孙芳译，浙江大学出版社，2016，第251页。

族人民竭诚欢迎。在清军攻打各城的过程中，得到当地民众和地方首领的配合，全体将士贯彻执行了"勿淫掠、勿残杀、勿抢劫"的纪律和争取少数民族上层分子、不虐待俘虏的政策，因而清军在收复新疆过程中进展非常顺利。

在阿古柏匪帮被消灭，天山南北两路收复之后，沙俄仍然迟迟不交还伊犁。1880年2月，清政府正式拒绝批准《里瓦几亚条约》，于是在2月19日，清政府重新任命曾纪泽出使俄国，谈判另立新约。沙俄以崇厚签订的条约为借口，称已经签约便不能改约，但在曾纪泽的一再坚持下，重新谈判顺利进行。为了增强中方的谈判筹码，作谈判代表的后盾，左宗棠利用沙俄对打败阿古柏的入疆清军的顾忌，于1880年6月，将行营西迁到哈密，积极筹备军务，制造声势，并为防范意外情况做好准备。同时，为了落实武装收复伊犁的计划，刘锦棠立即派人在中俄边界勘测，绘出一幅中俄边界图及草拟了进兵伊犁的计划，一并寄给左宗棠。正是因为左宗棠、刘锦棠等爱国官兵对《里瓦几亚条约》的坚决反对和积极备战，清朝代表才在谈判桌上不断取得进展，尽管后来签订的中俄《圣彼得堡条约》(又名为《伊犁条约》)，仍然是沙俄强加给中国的不平等条约，伊犁也未能完整收回。但毕竟在当时客观条件下做到了将损失减少到最低限度，无奈之余，亦觉安慰。当时的英国人曾评论道："中国已迫使俄国做出了它从未做过的事：把业已吞下去的领土又吐了出来。"[1] 于中国来说，因为

1　转引查尔斯·耶拉维奇等编《俄国在东方》，北京编译社译，商务印书馆，1974，第169页。

左宗棠"已经准备好有效地去使用武力"[1]，所以曾纪泽的外交谈判与订约，少丧失了部分领土和政治经济权益，这种事情在中国苦难深重的近代史上还是少有的。在规复新疆的斗争中，左宗棠"不为恫喝所动，不为狡诈所欺，不碍和局，不落空谈，不狃目前之无事而忘隐患，亦不专力未然之患而舍当前切要之图"[2]。这突出地体现了他的爱国精神、远见和才干，以及坚决地、不妥协地反对侵略的品格。新疆能够失而复得，同左宗棠是分不开的，他的这一历史功绩，是应该加以肯定的。

收复新疆后，左宗棠审时度势，向朝廷提出新疆建省之议，将新疆建省列入日程。他认为，此事在新疆赴京收复和西征大军未撤之时定夺最为适合。左宗棠的努力再次取得成果，清政府最终认可了他在新疆建省的动议。1884年11月17日，清政府正式批准建立甘肃新疆省。翌日，任命刘锦棠为首任新疆巡抚，加兵部侍郎衔，不久改为兵部尚书衔，督办新疆军务，统一指挥全疆各军，筹办边疆防务，省会设在迪化。全省设镇迪、阿克苏、喀什噶尔、伊塔4个道，下辖6个府，10个厅，3个州，23个县。[3]新疆与祖国内地的政治空前紧密，新疆历史揭开了新的一页。

1　马士：《中华帝国对外关系史》(第二卷)，上海书店，2006，第361页。

2　杨天宏主编《川大史学·中国近现代史卷》，四川大学出版社，2006，第174—175页。

3　章育良：《刘锦棠与新疆建省》，《湖南师范大学社会科学学报》2000年第3期。

二、康雍乾平定准噶尔作战中的粮运

准噶尔部崛起后，准噶尔的统治者噶尔丹、策妄阿拉布坦、噶尔丹策零、阿睦尔撒纳等均将西北、漠南蒙古视为其势力范围，并企图重建蒙古帝国。准噶尔部贵族的政治野心，清朝统治者显然不能容忍。康熙帝、雍正帝、乾隆帝一直将其视为清王朝维护边疆稳定和国家统一的心腹大患，并历经康熙、雍正、乾隆三朝方取得平准战争的最终胜利。在这场前后历时70余年的较量中，清政府一直伺机进攻。但是，康熙末年到乾隆前期，由于正值准噶尔势力鼎盛时期，清政府只能边战边和，派西、北两路重兵把守边塞。乾隆年间，清王朝势力发展到极盛，而准噶尔部的内乱正好被清政府利用，乾隆帝派兵进军西域，取得了对准噶尔战争的最后胜利。当时，西域就处在准噶尔的势力范围内，只有哈密、巴里坤尚在清朝的控制中，驻扎着军队。

这不仅是双方的一场军事较量，也是一场双方物力、财力等方面的较量。在平准战争中，清政府投入了大量官兵。康熙帝为解决准噶尔问题，先后三次对噶尔丹用兵：乌兰布通之战中清军前后投入军队、厮役约10万人[1]；昭莫多之战中清军约9万人[2]；1697年，清军投入兵力为2000余人。平准援藏战争中，清军分南、北、中路进剿，约7万人。[3]雍正年间，清政府在对噶尔丹策

1　黑龙：《乌兰布通之战再考》，《中央民族大学学报》2006年第4期。
2　罗琨、张永山：《清代前期军事史》，军事科学出版社，1998，第466页。
3　张建斌：《康熙朝平准援藏战争中军粮保障问题研究》，中国人民大学硕士论文，2008。

零征战期间，清军投入兵力人数在不断增加。1729年，北路共有官兵约24000余人，西路共有官兵26500余人。到1731年，北路兵丁大约40000人，西路兵丁也达到了32000人。和通泊之战后，清政府先后又调派22000兵丁，增援西、北两路。[1]乾隆帝为彻底解决准噶尔问题，先后两次用兵新疆。1755年，清政府在对达瓦齐用兵之际，共派兵50000人。此外，西、北两路还有部分驻扎兵丁。1757年3月，清政府命兆惠率军7000名，进剿阿睦尔撒纳。由此可知，清军投入兵力之多。

清初今蒙古国地区的驿站（也就是草原北路）也相对完善，"外蒙古北路驿站，皆由阿尔泰军台达之。自出内扎萨克四子部落境起，由第十九站奇拉伊木呼尔至赛尔乌苏凡六站，由赛尔乌苏至哈拉尼敦凡二十一站，由哈拉尼敦至乌里雅苏台凡二十站，由乌里雅苏台至科布多凡十四站，是为阿尔泰军台。由赛尔乌苏至库伦凡十四站，由库伦至恰克图凡十二站，以备巡查卡伦并达俄罗斯互市。由乌里雅苏台至近吉里克卡伦凡九站，由科布多至索果克卡伦凡八站，以备巡查卡伦。皆为喀尔喀官兵供役"[2]。这一较为健全的交通体系，有利于清政府对这一地区的统治，便于军粮物资的运输。

京师至嘉峪关的西路的设置，由京师到陕、甘至嘉峪关设有两条官道，即皇华驿和捷报处。皇华驿"从北京向西南经过保定、

1 《靖边大将军傅尔丹奏报北路大军陆续抵达折》，载中国第一历史档案馆译编《雍正朝满文朱批奏折全译》，黄山书社，1993。
2 会典馆编《钦定大清会典事例·理藩院》卷982，中国藏学出版社，2006，第267—268页。

太原、西安，然后折向西北经过兰州，在武威县同捷报处合成为一路，再经过肃州到达嘉峪关"[1]。这条官道经过河北、山西、陕西、甘肃，长达5390里，沿途设有96个驿站。捷报处从北京出发，沿途经过宣化，在张家口、大同前后的张家口驿站和杀虎口驿站分道，然后经山西北部、陕西北部的神木、榆林、靖边等县以及灵州花马池到宁夏府，再稍向西南到中卫，折向西北到武威县同皇华驿会合到嘉峪关。[2]这条官道长4560里，沿途设有148座军台。交通体系的建立和驿站的设立，为之后平准战争中的军粮运输提供了一定的保证。

平准战争中，前线所需的军粮只有一小部分是由出征官兵直接携带，其余大部分，都依靠运输。康熙帝在对噶尔丹征战期间，军粮基本都由官方随军运输，运输成本巨大。自康熙末年起，清政府在官运的基础上，开始雇商、雇民运粮。此后，北路军粮主要依靠商人输送。西路军粮也不再单纯地依靠官运，还经常由陕、甘地方官员雇觅民力，趁其农闲之时输送军粮。为保证军粮的顺利运送，在运粮沿线设立台站，并派重兵押运或护送军粮。

"兵马未动，粮草先行。"这是古代战争的基本原则。如此大规模的战争，所需军粮之多，可想而知。清政府之所以能够取得最终胜利，与其健全的后勤保障密切相关。为保证前线战事，清政府十分重视军粮的供应。与准噶尔部的战争，主要在北部边疆和西北边疆地区。这些地区多沙漠戈壁、高山、荒原，道路崎岖，

1　金峰：《清代新疆西路台站（一）》，《新疆大学学报》1980年第1期。

2　金峰：《清代新疆西路台站（一）》，《新疆大学学报》1980年第1期。

且多山路，气候条件较为恶劣。特别是西北地区地域辽阔，多戈壁沙漠，并且，距离内地路途遥远，人烟稀少，与内地的联系主要依靠骆驼，经济水平较为落后，而交通又不便利，沿途驿站体系也不健全，这些都增加了军粮运输的难度。所以，军粮补给十分困难。因此，如何做好战争的后勤供应及接济的保障工作，对于前线的进展十分重要。然而，清朝并没有独立的后勤领导指挥机构。[1] 因此，后勤保障工作由皇帝直接总指挥，议政王大臣会议以及军机处协助其办理。康熙帝、雍正帝、乾隆帝对后勤保障的重要性有着清晰认识，所以无论是对于军粮、运粮牲畜的筹集，还是军粮的运输都十分重视。

清政府在平准战争中所耗费的军粮巨大。军粮供应及其运输是战事军队作战的基本保证。因军队深入漠北、西北作战，沿途无法获取补给，所以进剿所需物资全靠转运。1696年，康熙帝在对噶尔丹用兵的过程中，因于成龙所运军粮未按时到达，导致清军未能抓住战机，一举歼灭噶尔丹。而噶尔丹也抓住这一机会，趁机逃窜，"噶尔丹逃窜已远，沿途溃散"。这也导致了清军不得不于1697年再次出征。[2] 为保证前线的军粮供应，清政府通过多种渠道筹集军粮。其中，以仓储调拨、采买、屯田三种渠道为主。清政府还通过鼓励捐纳、接受捐献的形式来筹集军粮。此外，前线的士兵还通过攻敌获取、从随军贸易商人处购买等形式获取军

1　廖德清主编《中国古代军事后勤史》，金盾出版社，1996，第648页。
2　刘锦增：《平定准噶尔战争中的军粮供应问题研究》，陕西师范大学博士论文，2018。

粮。康熙、雍正、乾隆三朝对准战争中，各个时期的军粮供给途径各有侧重。康熙帝在对噶尔丹用兵之际，前线所需军粮主要由中央府库和各地府库调拨，辅之以采买、捐纳等形式。自康熙末年清政府在西北对准噶尔用兵为始，到1757年，平准战争胜利，西、北两路军队的军粮来源渠道发生变化，以屯田收成、地方仓储调拨、采买三种渠道为主。康熙、雍正、乾隆三朝的后勤保障都是皇帝做总指挥，人力、物力、财力，军粮、军需物品的运输都能得到保障。

雍正年间，清政府在对西北用兵过程中，雍正皇帝鉴于前线官兵劳苦，命令官兵在遇到战事之际或农忙之际，提高口粮标准。1732年4月，雍正帝谕办理军机大臣等："西路兵丁口粮，从前议定每名日支粟米八合三勺，或炒面一斤，驻扎之时，本无不足。唯有事行走，及对敌之际，昼则追奔攻击，夜则防范巡查，非驻扎之时可比，恐旧数稍有不敷，嗣后凡遇此等日期，著每名日支粟米一升，其应支炒面之日，每名日支一斤四两，俾兵丁等口粮宽裕，以昭朕格外加恩之至意。至分派屯种各兵，耕耘播耢，胼胝为劳，其耕种之一月内，所支口粮，亦照行走攻战之兵，米面一体增给。着即传谕大将军岳钟琪等知之。"[1]

出征官兵，除行粮外，清政府仍给其坐粮。以确保赡养其家人。1696年，由陕西出征的官兵，"满汉绿旗兵，各给以五月行粮，其绿旗兵按月应得之米，仍照例给予其家，为妻孥养赡"[2]。

---

1 《清世宗实录》卷117，雍正十年四月壬辰，中华书局，1985年影印本。
2 温达等：《亲征平定朔漠方略》卷18，中国藏学出版社，1994，第376页。

1729年2月，雍正帝又"命出征官兵行粮外仍给坐粮"[1]。

在平准战争中，蒙古各部一直派兵随同出征。康熙、雍正年间在对准噶尔用兵过程中，清政府对出征的蒙古官兵并不固定支给其口粮，而是多由其自备。乾隆年间，清政府在平定准噶尔贵族叛乱时，决定给其口粮。1754年12月，在议定出征平定准噶尔叛乱，满洲蒙古各项兵丁军粮事宜时，清政府采取统一标准拨付口粮："无论满洲、蒙古、索伦、巴尔虎、喀尔喀、厄鲁特，俱一例按照定例，给予廪给，令其携带炒米炒面牛羊干肉并盐菜银两。"[2]

康熙帝在对噶尔丹征战期间，还有部分军粮由随军商人处或沿线百姓处采买。1696年2月，康熙帝下令出征时可命商人随军贸易："至于随军贸易之人，固不可少。若纵其贸易，又至紊乱，应于某营相近，即令某营之夸兰大派出章京，于一里外驻扎，准其贸易，严禁喧哗火烛，并戒沽酒，倘贸易人不遵法禁，偷盗马匹米粮者，亦即正法，带往之人，一并治罪，军士或将米私售贸易之人，或强买抢夺者，定加重罪，可遍行晓谕，使咸知凛遵。"[3]在这次出征中，山西太谷商人王相卿、祁县商人史大学和王杰，就在军中随军贸易。由于价格公道，服务周全，所以他们的生意十分兴隆。后来，清军的供给改由杀虎口运送，他们又在杀虎口

---

1 《清世宗实录》卷103，雍正九年二月丁未，中华书局，1985年影印本。
2 傅恒等：《平定准噶尔方略》正编卷之四，全国图书馆文献缩微复制中心，1990，第1012页。
3 《清圣祖实录》卷171，康熙三十五年二月丁未，中华书局，1985年影印本。

开朗吉盛堂商号。[1] 这三位商人就成为此后归化城大名鼎鼎的大盛魁商号的创始人。清政府在西北对准噶尔用兵期间，也有不少商人出关，在西路军营附近经商贸易，贩卖军需物资。1724年正月，甘肃巡抚绰奇奏报："原嘉峪关至巴里坤……此九年间，商人于沿途住店地方修建小屋，开设住店卖食物，与来往之人大有裨益。"[2] 有些随军商人，在出售米、面的同时，还在军营附近向官兵出售酒水，这严重违背了军营管理制度。面对这一问题，清政府十分重视对随军贸易商人的管理和约束。1732年，雍正帝下旨："在军营中商人，除准售米、面、衣服等物外，永禁出售酒、饽饽、熟肉等小食品。倘有因出售此等物而被拿，则将其出售之物，俱分给兵丁，予以诛责，少留其在途中够用之数，逐之遣返。"[3]

还有各处民人到后外和哈密地方贩卖各类物品。所以前线官兵所需的军粮，也有部分是贩卖者手中购买。1716年6月，议政大臣等议覆："尚书富宁安疏言，甘肃地方今年田禾茂盛，秋收可期。各处民人，俱具呈欲往口外并哈密地方，以及驻兵之处贸易者，一百四十余起。请令地方官，给予出口印票，以便前往。应如所请。"[4] 康熙帝采纳其建议。因此，由随军商人、沿线百姓或贩卖者处购买军粮，也成为这一时期军粮来源的途径之一。

1　刘建生、刘鹏生、燕红忠等：《明清晋商制度变迁研究》，山西人民出版社，2005，第141页。

2　《甘肃巡抚绰奇奏报嘉峪关外蒙古盗贼平息路途畅通折》，载中国第一历史档案馆译编《雍正朝满文朱批奏折全译》，黄山书社，1993，第608—609页。

3　《靖边大将军锡保等奏报严禁军营售卖熟制食品折》，载中国第一历史档案馆译编《雍正朝满文朱批奏折全译》，黄山书社，1993，第2097页。

4　《清圣祖实录》卷269，康熙五十五年六月癸丑，中华书局，1985年影印本。

平准战争中的军粮分政府筹办和兵丁自备两个渠道，以政府筹办为主。政府的筹办主要通过仓储调拨、采买、屯田收获等形式来保证前线的军粮需求。为减轻内地转输困难，清政府在新疆、河西、北路实行屯田，包括兵屯、民屯、回屯、犯屯等形式，这在一定程度上减轻了军粮转输的负担。在对西北准噶尔用兵的背景下，清政府开始在西、北两路大规模地实行屯田，促进了西北地区农业发展的进程。古城奇台距北路大营科布多和西路大营巴里坤都不远，但仍在准噶尔的势力控制范围，奇台屯田的军粮是重要的一部分。

在平准战争的过程中，军粮的转输成为清政府考虑的重要问题之一，军粮耗费巨大，如何将军粮及时运到前线，关乎战争的进程与成败。平准战争中所需军粮主要依靠驼、马、骡等牲畜转输。

清政府曾五次用兵新疆，运输军粮的转输工具，除第一次是用车运输，后四次的军粮、军火和军用物资的运输工具是以骆驼为主，在新疆干旱、沙漠地带，驼运发挥了独特的作用，保证了战争的胜利。

早在1696年，康熙帝在对准噶尔用兵期间，所需的运粮牲畜，主要由官方牧场调拨，不足部分则在喀尔喀蒙古采买。噶尔丹覆亡后，康熙帝对出征时军粮运输及供给进行总结时指出："朕又观塞外，运粮最难，昔唐宋及明嘉靖时，皆用兵西陲，不知当日作何转运之法。朕此次宁夏之行，不用车辆。所需驼马骡驴，悉自京城发往。恐有不敷，复给公帑采买预备，一切什物，皆有官运，略不累民。"[1] 其中，"两路百日随粮驮运牲口，当取京城解往骆驼一千一百一十头、骡三千六百十七头，学士朱都纳所喂五千马内拨给兵丁余剩之马，及于成龙等捐助不合例人员，在宁夏捐助三千余牲口、部员所买之牲口、地方官捐助之牲口，拨用驮米"[2]。由此可知，康熙帝在对准噶尔用兵过程中，军粮运输所需牲畜主要依靠官方牧场所养牲畜，只有一小部分牲畜来自采买或捐助，采买的数量和规模并不大。为保证前线的牲畜所需，清政府还在大同、归化城等地设立牧场，牧放牲畜，以便调用。

1. 第一次入疆军事行动

雍正初年，清政府在对策妄阿拉布坦防御之时，由于输送军粮规模不大，所需牲畜主要由国家牧场调拨，很少从地方采买，所以，雍正帝说："是以经理二年有余，而各省不知有出师运饷之事。"[3]1723 年 12 月，靖逆将军富宁安上奏，拨给阿喇纳官兵的粮米由官驼所运："官员自正月十六日始至本月三十日半个月白米二十一石三斗，自巴里坤由官驼驮运；兵丁跟役正月一个月六分小米四百二十四石八斗，自哈密由官驼驮运，共驮运白米小米四百四十六石一斗，计每驼驮运一石六斗，需驼二百七十九头。"[4]

1729 年 11 月，岳钟琪和傅尔丹奉命征讨准噶尔部噶尔丹策零。

1 《清圣祖实录》卷183，康熙三十六年五月丙申，中华书局，1985 年影印本。
2 西藏社会科学院西藏汉文文献编辑室：《亲征平定朔漠方略》卷35，中国藏学出版社，1994，第828 页。
3 纪大椿、郭平梁原辑，周轩、修仲一、高健整理订补《〈清实录〉新疆资料辑录》（一），新疆大学出版社，2017，第417 页。
4 《靖逆将军富宁安奏报拨给阿喇纳随行官兵马驼粮米数目折》，载中国第一历史档案馆译编《雍正朝满文朱批奏折全译》，黄山书社，1993，第542 页。

岳钟琪出兵巴里坤约26000余人。从关内运军粮是用大车，但是，从肃州到布隆吉时，因前面山高路陡，就令停止前进，由巴里坤派丁夫三千前来接应，越过天山。[1]

1730年以后，由于所需运粮牲畜过多，官方牧场一时无法筹集。

2.第二次入疆军事行动

1754年，清政府决定于次年征讨准噶尔，并由各地调遣官兵派往西、北两路。官兵所需的军粮，除一部分由出征官兵自己携带外，其他部分则由牲畜输送。运粮所需的牲畜，部分由官方牧场调拨。1755年正月，刘统勋奏报："后进官兵应需马驼，前因奉到索伦兵定于正月初三日自京启程之旨始行飞调，恐不能如期调集，当将情形具折奏明，嗣各处所调马驼奉调来肃，管解弁兵，争先恐后自二月以来接踵而至。"[2]乾隆平准战争中的军粮运输，西路军粮主要由政府直接承运或雇民运送，运输所需驼马，主要由国家筹集，由甘肃各牧场共调拨驼只7557只。[3]由于政府官办运粮耗费巨大，1755年10月，军机大臣等议："粮饷应募殷商，分别程途，给值转运。"[4]北路军粮主要由山西、直隶地方雇商输送，所需运粮牲畜主要由商人自备。1754年，直隶总督奉旨办运

1　戴良佐：《清代用兵新疆驼运所起作用》，《清史研究》1994年第2期。

2　《刘统勋奏报马驼粮运等项情形折》，载台北故宫博物院编辑《宫中档乾隆朝奏折》(第10辑)，台北故宫博物院，1983，第817页。

3　《刘统勋奏为筹办接济口粮折》，载台北故宫博物院编辑《宫中档乾隆朝奏折》(第11辑)，台北故宫博物院，1983，第192—193页。

4　《清高宗实录》卷498，乾隆二十年十月丁未，中华书局，1986年影印本。

军粮34000石到北路军营乌里雅苏台。直隶总督命令直隶商人承办粮运，其中，由商人现有的骆驼和采买的骆驼，只用于当年，运送了10000石。剩余24000石军粮，则由商人自行筹备牛车和前次所运的骆驼共同运输。此次商人使用牛车共计10000辆，置办牛车的花费，由清政府暂时借给商人，令其置办，以保证粮运。

1757年3月，清政府派定边将军衮扎布、副将军兆惠率兵7000名两路追击准噶尔部叛首阿睦尔撒纳。由于陕、甘等地骆驼数量不足，采购不易，而山西各地骆驼较多，所以此后山西地方官府多次主动承担责任，负担采买骆驼事宜。当时由陕甘总督黄廷桂办理巴里坤军营马驼。解送马27500匹，另有山西驼4200余只，靖逆牧放驼900余只，随时解往巴里坤备用。[1]据黄廷桂奏："先后解到马二万八千五十余匹，查两路征行官兵，共用马二万七千四百一十余匹，驼四千五百五十余只。"[2]1755年，在对准噶尔用兵期间，采购的运粮牲畜，主要来自陕、甘、蒙古诸部。由于陕、甘等地牲畜不足，到1756—1757年，乾隆帝在平定阿睦尔撒纳叛乱之时，采购的运粮牲畜，转移到山西、直隶、蒙古诸部。至1758年正月，战争结束。

清政府在平准战争的过程中，官雇商运这一形式，在西、北两路中起到很大的作用。官雇商运这一运输形式，早在康熙末年，就已经在北路粮运中采用。官雇商运中，运输军粮、军需物

---

1 《清高宗实录》卷534，乾隆二十二年三月乙未，中华书局，1986年影印本。
2 《陕甘总督黄廷桂奏报查明解到巴里坤军营马匹实际数目及回省启程日期事》，载中国第一历史档案馆藏宫中朱批奏折，档案号：04-01-03-0087-012。

资所需牲畜，主要是商人自行筹备。乾隆帝在平准战争中，西路军粮运输也有部分采用雇商运输。1755年10月，清政府定议筹办西路军营马驼军粮事宜："请招募殷实商人，分别程途险易，给予雇值，听其陆续转运，应一并交与该护督办理，并派委贤能大员查催，务期无误。"[1]

乾隆平准战争中，北路军粮主要由官雇商人运送，1754年初至当年8月，归化城所办军粮中，"查今岁自起运军需米石以来，扣至目今，业已起运四万三千五百石，又有运送军营饷银、火药等项，需用商驼已及二万五千余只"[2]。

平准战争中的军粮运输，有长运和递运之分，长运和递运相结合。长运即长途运输，递运即分段运输，两者各有优劣，"长运由本地起程，运至该处交卸，长途数千里，车骡损伤，人役疲乏在所不免；而递运即在一二百里内，络绎转输稍觉便宜"[3]。普通百姓一般不会主动承担长运。在左宗棠收复新疆时期，军粮的运输也分为长运和递运，但多为递运。当时，因财政的困难，运输军粮更为艰难。

清政府在新疆用兵中的军粮运输，受到地形条件、气候因素、水资源的直接影响。1756年正月，西路军粮的运输，哈密通

1　傅恒等：《平定准噶尔方略》正编卷之十九，全国图书馆文献缩微复制中心，1990年，第1292页。

2　《山西巡抚恒文奏为遵旨拨运推必拉米石事》，中国第一历史档案馆藏军机处录副奏折，档案号：10—0478—048。

3　转引张连银、李运超《清代台站功能辨析：以1715—1759年间的西路粮运台站为例》，《青海师范大学学报》2013年第2期。

往巴里坤的路上积雪很深，粮运的车辆难以行走。方观承奏请修理道路："哈密距巴里坤中隔大坂一道积雪甚深，踏实成水，驼运每虞颠蹶。经抚臣吴达善奏明，派拨驻营绿旗防兵二万名打扫修理。……雪深四五尺者……雪深八九尺者……"[1] 这一带的积雪，一般在4月才能全消，此时正好也是水草丰美，适宜转输。哈密通往巴里坤之间的南山达坂，也劈山开路拓宽，修缮平坦了，可运重车通行。为保证粮运，查郎阿奏请修通达坂山路直达军营，以利粮运："臣等再四熟筹，若由南山打坂左右修成路径，绕过打坂，可以行车，则夏秋之月亦由南路行走直达大营，方于军粮大有裨益。随委吏部堂主事军功议叙员外郎阿炳安带领匠役，前赴打坂上周围审视，详细确勘，去后嗣据阿炳安回称，打坂都削之处可以绕道而行，其石径窄狭之处，可以开展无碍，皆人力可施工作亦易业经逐一估计，应修石路四千五百丈，每丈约估二十工，应修土路四千五百丈，每丈约估一十工，共估计一十三万五千工。"[2] 以西路军粮运输日期一般应在每年的3—8月。北路军粮运输，则在八月十五至三月十五以前，虽然风沙寒冷，但比夏季的酷热可忍受，运至乌里雅苏台和科布多。清政府与准噶尔的战争和新疆平定叛乱的战争，都发生在漠北、新疆、西藏，这些地域的道路并不通畅，道路多崎岖。在艰苦的长途跋涉中，运载军粮

---

1 《方观承奏请加给修理大坂道路兵丁每日杂面事》，中国第一历史档案馆藏军机处录副奏折，档案号：03—0495—002。

2 《署宁远大将军查郎阿等奏报修通打坂山路直达大营以利粮运情由折》，载中国第一历史档案馆编《雍正朝汉文朱批奏折汇编》(第24册)，江苏古籍出版社，1991，第407—408页。

的马驼有很大的损耗。

3. 第三次进疆军事行动

1759年6月，西域发生霍集占兄弟（大小和卓）叛乱。清廷派定边将军兆惠、副将军富德，集各路大军于阿克苏、乌什、阿瓦提，有兵二万人，马三万匹，骆驼一万只。1759年9月1日，清军追击霍集占兄弟。苦于战乱的回部百姓对于霍集占兄弟愤恨不已，纷纷向清军投诚。霍集占兄弟见大势已去，开始谋求退路，企图西逃。大小和卓只带领部分族人及亲信匆匆逃到了葱岭以西的巴达克山国。哪料，国王速勒坦不愿得罪清廷，将二人斩首，并把首级送至定边将军兆惠处。[1] 至此，霍集占兄弟掀起的回部叛乱终于告一段落，天山南路再获和平。结束了这次平定回疆之战，至此天山南北两路实现了统一。

4. 第四次入疆军事行动

1826年6月，新疆再次发生张格尔叛乱。清廷派陕甘总督杨遇春、扬威将军长龄率兵二万二千人，此外，山东巡抚隆阿率领吉林、黑龙江旗兵三千出关，会师于阿克苏，总兵额约五万人，这次用兵要运送乌鲁木齐的积粮和伊犁采购粮至阿克苏。自乌鲁木齐至阿克苏，途经三十二站，五万余兵，每日需粮五百余石，每站需驼五百余只。按三十二站计共需驼一万六七千只。乌鲁木齐原有驼六七千只，尚缺一万二三千只。据鄂山等奏，于甘肃购买骆驼一万二千五百只，余驼一万数千只，著俟供应各兵差过竣

1　郭琪：《乾隆帝发兵征讨大小和卓——清廷巩固中华西北疆域记》，《中国档案报》2016年4月8日第2版。

后，分发关外之安西、哈密、吐鲁番及喀喇沙尔、库车各台站，专供内地解往大营兵饷、军火、器械。[1] 这次用兵，总共调来骆驼二万六千余只。清军三战三胜，连败叛军，收复四城。1827年俘获张格尔，历时19个月，终于平定了叛军。[2]

5. 第五次入疆军事行动

1876年，左宗棠平定阿古柏之战。这次调配骆驼数最多，运输里程最长。鉴于1718年，第一次平准援藏战争中，清军由于前线指挥官指挥不利，加上清政府对出征官兵的军粮筹备和运输准备不充分，军粮运输和供给出现严重问题，最终导致清军全军覆没。

这时期的中国早已沦为半殖民半封建社会，对外反侵略战争连遭失败，割地赔款的惨剧一再发生；国内又刚刚结束长达20多年的战争，生产力遭到极大的破坏，清廷本身腐败，财政危机。这次进兵新疆平定阿古柏之战非常艰难。进兵新疆，由于路途遥远，沿途戈壁，缺乏水源，翻越天山，车马难行，向视为畏途。要把大批军粮从内地运往新疆是十分艰巨的任务。作为统帅的左宗棠深知运粮之难，他认为"筹饷难于筹兵，筹粮难于筹饷，筹转运又难于筹粮"[3]，说"粮、运两事，为西北用兵要著，事之利钝迟速，机括全系于此"[4]。此时粮食的来源，一从甘肃的凉州、甘州、肃州等地采购为南路，一从包头、归化、乌里雅苏台、科

---

1 《清宣宗实录》卷110，道光六年十一月壬寅，中华书局，1986年影印本。
2 戴良佐：《清代用兵新疆驼运所起作用》，《清史研究》1994年第2期。
3 左宗棠撰，刘泱泱等校点《左宗棠全集》书信二，岳麓书社，2014，第177页。
4 杜经国：《左宗棠与新疆》，新疆人民出版社，1983，第56页。

布多购来为北路。还从古城奇台和巴里坤一带就地购买。另外，向俄国边境俄商采购。

左宗棠摸清了途中的情况。从甘肃到古城子相距3540里，其中从安西到哈密11站约1000里，一片沙漠，自战乱之后，没有台站，没有水草，只有安西城北马莲井四站还可汲饮。从哈密到巴里坤，虽只有320余里，但要翻越天山，在冰天雪地中行走。

原来，粮台袁保垣负责筹粮，缺乏实际经验，把粮站设于远离前线的肃州，用驴车调运。左宗棠算了一笔账，自肃州到哈密计二十四站，程二千二百余里。道路绵长，有多戈壁……断非三十余日，不能到巴（里坤）。计一车运载之粮，至多不过六百斤，两骡喂养即耗去五百数十斤，车夫口食也须六七十斤，而车粮已罄，安有余粮达巴里坤乎？[1] 左宗棠曾批评"景廉但知乌（乌里雅苏台）、科（科布多）之粮难运，不知肃州之粮可采可运而无可供前敌之军"[2]。所采运之粮都供骡和车夫在途中吃尽。

左宗棠经过周密研究后认为："西北转运，以驼只为宜，为其食少运重，又能过险也。驼行口内食粮不过三斤，昼牧夜行，可省草束。且一夫管牵五驼，日需口食又省。若行口外，则食草不食料，如遇劳乏，但喂料一升，加盐少许，仍即复故。天山无车路，关内之粮南逾天山。及购驼不如雇驼，官车不如用民车。"[3]

左宗棠总结了历史上雍正、道光两次用兵新疆的经验，主

1　罗正钧著，朱悦、朱子南校点《左宗棠年谱》，岳麓书社，1983，第275页。
2　杨慎之编《左宗棠研究论文集》，岳麓书社，1986，第344页。
3　罗正钧著，朱悦、朱子南校点《左宗棠年谱》，岳麓书社，1983，第275—276页。

张运送军粮关内以车辆为主，关外以驼运为主。关外运输把骆驼提到主力军的位置。为了集齐骆驼，左宗棠曾三令五申，派员分三路采购，但仍难以筹集，计划在蒙古购驼三千，只购得一千二三百只，实际报到仅六百余只。

由包头西大路运巴里坤是商驼常行之路。近自军兴以来，军营地方官员差拉驼只已成习惯，商民闻风裹足。左宗棠于是又下令严禁各部队拉驼当差，严禁各官厅对驼户征收捐税。

这次征讨阿古柏之战，究竟调集多少骆驼？当时在左宗棠调度下的运输工具，据统计，凉州和肃州间有大车两千辆、驴一千五百头；安西、哈密、巴里坤和古城奇台间，有官驼三千，商驼一万、大车三百辆；肃州、古城奇台间有大车一千辆；古城奇台和乌鲁木齐间有大车五百辆、官商驼八千余；巴里坤，齐克胜之间有驴一千头；乌鲁木齐、吐鲁番、哈密间有大车九百余辆，骆驼八百头；吐鲁番到南疆前敌有大车三百余辆，骆驼八千头。这并不是指那几个地段常备这个数目的运输工具，只是指那几个地段曾支配着这个数目的运输工具。[1] 运粮的办法是分地积存，分途采运，蝉联接运。南路以肃州为起点，设粮局，采运甘、凉、肃三州粮食，先用牛车或骆驼运至安西，再全部改骆驼运到哈密粮局。北路在归化设粮局，包头设分局，采购归化、宁夏一带粮食，全部用骆驼运输，经蒙古草原至古城奇台、巴里坤。由于安排得当，运费合理，驼户都乐于承运。"包头、归化、宁夏、甘

1　徐中煜：《左宗棠收复新疆过程中的军粮采运》，《新疆大学学报（哲学·人文社会科学版）》2010年第2期。

郡、肃州商驼云集……转运踊跃。"[1] 且运费大为节省，运粮一年，南路每百斤计脚银十五两，北路每百斤仅银八两。

1876年，刘锦棠部为先锋，采取"缓进急战"的策略进军；8月，清军攻占古牧地、乌鲁木齐、伪王城、呼图壁等城池，11月初又收复玛纳斯南城，至此整个天山北路被平定。

1876年4月，刘锦棠率大军从关内出发向新疆进军时，俄粮至古城者可四百余万斤。北路，自归化、包头采粮绕五千余里至巴里坤者已五百余万斤。自宁夏至者亦百万余斤。南路，由肃州运储安西、哈密者盈千万斤，其已递运至古城者亦四百余万斤。[2] "三路粮运成数可稽者已四千余万斤。"[3] 左宗棠精心筹划利用驼运军粮物资已达到预期的目的。古城奇台是左宗棠的军粮主要屯聚地，军需物资的转运地。

当时西征军投入的兵力约八十个营，近四万余人，车驼接运，保证了军粮和军需的供应。兵精粮足，士饱马腾，军心大振。整个战役从1876年7月打响，按照"先北后南""缓进速战"的既定方针，先收复天山北路。至1878年1月，清军收复了南路八城，阿古柏自毙，驱走了盘踞十三年的侵略者，赢得了胜利。从一定意义上说，驼运在这次西征军粮饷物资后勤供给上起到重要的作用，做出了卓越的贡献。

1　左宗棠撰，刘泱泱等校点《左宗棠全集》书信三，岳麓书社，2014，第6页。
2　罗正钧著，朱悦、朱子南校点《左宗棠年谱》，岳麓书社，1983，第312页。
3　杨东梁《左宗棠评传》，湖南人民出版社，1985，第203页。

三、奇台与左宗棠收复新疆

左宗棠壬戌九日军次龙丘作七律："万山秋气赴重阳，破屋
颓垣辟战场。尘劫难消三户憾，高歌聊发少年狂。五更画角声催
晓，一夜西风鬓欲霜。笑指黄花吾负汝，荒畦数朵为谁忙。"[1]

1759年，随着清朝统一天山南北战争的结束，清朝政府完全
确立了在新疆的统治地位。从这时起，清政府开始了对天山南北
的全面再治理。奇台地区作为天山北道之咽喉，是向南、北疆各
地驻军运输粮饷的必经之道，其战略地位日益突出，1759年，设
奇台堡（今老奇台镇），驻军屯田，守卫粮台，以供军需。随着奇
台地区军事、经济地位日益凸显，其政治地位得到不断加强，行
政建制逐步完善。而且，随着乌鲁木齐取代伊犁成为全疆重心，
迪化与哈密间的交通，逐步地都趋向行小南路，改由七角井，经
奇台而至迪化，天山北路东段交通路线的改变，奇台的交通地位
的上升，后期北路商贸运输多走古城奇台一线，古城道的通畅便
利了军队、商队及清政府官员的通行，古城成为入疆货物聚集地
和转运中心。

1. 军饷来源及转运

清朝后期，国库空虚，财政困难，而新疆军费多靠内地协饷
接济，左宗棠奉命西征之时，各地拨解新疆协饷积欠已久，为完

1　裴景福：《河海昆仑录》，中国国际广播出版社，2016，第254页。

成统一新疆大业，不得不多方筹措。左宗棠收复新疆的过程中，军饷来源主要由协饷、洋款、捐输、部款等项构成。

西征军即进疆部队的粮饷不但不能优先保证，甚至连吃饭穿衣都遇到极大困难。士兵们经常被口粮问题所累，冯玉祥《我的生活》中记载，其父亲参加了驱逐阿古柏的战争，从内地到新疆，黄沙漠漠几千里的道路，中间沙漠戈壁，本来就难走。且保障措施也不全，出关的嘉峪关不设兵站，士兵口粮全是红薯，一次发七八天的量，"总计至少在十五斤以上，压在背上，叫人怎么受得了"，"一路上，饿了的时候是以红薯充饥；渴了的时候，仍然是以红薯止渴"。[1]

前敌指挥部应该以克敌制胜为主业，无后顾之忧，但当时的前敌指挥部既要打仗，又要筹措资金、采购粮草、运输物资，势必分散精力，影响作战效率。如此艰难的情况下，西征军仍奋勇作战。

协饷主要来源于东南富庶各省以及江海关、江汉关等关口。此外，还有两淮运司、陕西藩司、金陵军需局、陕西军需局等处。协拨数额主要依据"酌时势缓急，定协饷之多寡"原则，采取自凑和中央核定的办法来确定。为筹措商民闲散资金为西征所用，清政府采用"捐输"的办法来开辟财源，"……又监生、从九衔两项，应一并展限，以广招徕而济军需"[2]。除在西征粮台中设甘捐总局，下辖总局和各地分局外，在东南部分经济富裕的地区也开

1　冯玉祥：《我的生活》，岳麓书社，1999，第6—7页。
2　左宗棠撰，刘泱泱等校点《左宗棠全集》奏稿六，岳麓书社，2014，第95页。

设独立的捐输局。此外，也存在由地方代办捐输的情况。洋款：即向西方列强举债借款项。据统计，自1876年4月至1881年5月，由左宗棠承借，胡光墉经手，以"西征借款"名义，先后向丽如、怡和、汇丰三个洋行借银一千三百七十五万两[1]。所有款项的饷银除少部分通过汇解的办法送达左宗棠大营外，其他大部分则按照《钦定大清会典事例》中详细规定的制度，通过驿路由左宗棠所派专员解送。据《清实录》记载："哈密为南北路之门户，古城又新疆各城之门户，移科布多运饷，必先至古城，安肃道运饷，必先至哈密，各省银饷，必运至该二城。"[2]因此，运道主要有两条：南线沿河西走廊经哈密、巴里坤直达军前，由凉州、甘州、肃州、安西、哈密分段转运；北线则由绥远城、张家口出边，走草地取道科布多，再南下古城、巴里坤，由沿途台站驮马转输，分兵护送。

山西票号的龙头老大乔致庸，还是当时左宗棠筹措军费的东家。左宗棠西征时，乔家捐出了好几百万两银子，但也有个条件，就是大军到达新疆后，乔家可以派一个票号跟随军营后勤，为军队筹办粮草，负责汇兑朝廷的军饷。军费急缺时，乔家票号还会为左宗棠借支透支。[3]当时的左宗棠为西征而筹饷实在是很难的。

2. 军械军火军需的采购及转运

左宗棠除了剪裁冗员，整训部队，为改善装备，购买大量枪

1　徐义生编《中国近代外债史统计资料（1853—1927）》，中华书局，1962，第6页。
2　新疆民族研究所：《〈清实录〉新疆资料辑录》（第十一册），1978，第4791页。
3　永日：《左宗棠收复新疆二三事》，《文史博览》2009年第8期。

支弹药。西征各军配备了大量的近代化的武器装备，洋枪洋炮主要采买自德国，由上海采运局委员胡光墉经办。[1] 军火运抵上海后，溯长江而上到达汉口，之后分为四路，采用陆路为主，兼用水路的方式运抵西安，再一路向西到达兰州、肃州，分段转运至哈密、巴里坤、古城奇台。由于枪炮粗大笨重，加上长距离运输，所以运费极其昂贵。因此，左宗棠决定创办制造局，先在西安，后在兰州创办制造局，就地生产，以便缩短后勤供应距离，节省经费。但因技术、原材料、生产条件等因素限制，所制造的军火质量不高，数量也只占西征军军火数量的少数，大部分军火仍由上述途径运抵军前。

这些近代化武器的配备，使清军战斗力明显增强。同时，也使运输规模和运输难度大为增加。最为突出的问题就是：当时配备的洋枪洋炮，主要产地在国外（多系德国造），而采买地是上海，离西征大军可谓遥遥万里。其间要经过波涛汹涌的大海，然后沿长江到达武汉，再换马匹驮至肃州，运到前敌还要由骆驼来牵引。为此，左宗棠建立了庞大的转运机构，正如英国人包罗杰所描述的：他们（清军）"在靠近乌鲁木齐的古城设立了司令部，为保证他们和甘肃之间的交通，已组织了正规的信差来往，武器、后勤补给和人员源源不绝地穿过戈壁流向远征军"[2]。

军装、麻袋、帐篷、旗帜等军需用品，按例半年一换，每项

1　徐中煜：《交通态势与晚清经略新疆研究》，黑龙江教育出版社，2013，第107—108页。

2　包罗杰：《阿古柏伯克传》，商务印书馆，1976，第200页。

每营配置多少都有严格规定。起先在汉口采买，后来改为就近制造，"由陕甘沿途州县派车运送毋庸由粮台豫为备办"[1]。因此，这部分军需无论从汉口采买，还是就近制造，仍要通过河西走廊、哈密再转运巴里坤、古城奇台和吐鲁番。当然，左宗棠进军新疆前期，军装、军火需翻越天山东段转运至巴里坤大营，然后再根据军事进展，节节转运至军前。自从南疆吐鲁番一线打通之后，军装、军火可直接从哈密经吐鲁番，沿天山南路运抵南疆作战前线。

左宗棠本人一直非常重视西洋军事技术。在他自己的部队中装备了相当数量的西洋兵器，还特别制定了一条爱惜洋枪的制度，开首便说："洋枪、洋炮、洋火、洋药，不独价值昂贵，购买亦费周章，凡我官勇，务宜爱惜，不可浪费。"[2]可见对此事的重视程度之高。

军械、军火运输是左宗棠收复新疆过程中军需运输的重要组成部分。这场收复战争虽然也使用了刀矛，但得力于枪炮者居多。从敌我双方武器装备的近代化及由此升级的战争强度来看，收复新疆之役可称得上是一场完整意义上的近代战争。然而，从内地到新疆的道路却停留在非常原始的水平之上。在原始的道路上进行着一场近代战争。

1875年2月，左宗棠早已看中了金顺的勇敢和才能，认为"令

1　罗尔纲：《湘军兵志》，中华书局，1984，第93页。
2　转引徐中煜《左宗棠收复新疆时的军械、军火运输》，《西域研究》2003年第2期。

得节制各城办事、领队大臣……似于前敌事宜呼应灵通，较易措手"[1]，觉得他能协助刘锦棠主攻北疆。因而，左宗棠督办新疆军务，由金顺帮办。在前线，则由金顺与总理行营营务西宁道刘锦棠配合作战。

金顺接统了原乌鲁木齐提督成禄一军，出关先至巴里坤。虑粮运难济，派副将方春发率步队两营先赴奇台就食。自率马步8营抵奇台，7月接受了原景廉所部进行整编，将原37营，金顺挑留精壮，紧编成马步19营，合金顺原部共40营，大大提高了战斗力。[2]临战前，左宗棠要求刘锦棠要与金顺会同商定机宜。

当时清军在新疆有92营兵力，约4.6万人。兵力部署是哈密1万人，巴里坤1万人，古城奇台2.6万人。此外，清军在甘肃有4万到4.5万人的驻军，随时可增援新疆。[3]

1875年4月，金顺率领的首批西征军驻扎在济木萨，所用的军粮自是奇台本地粮食。金顺与景廉发生了摩擦，起因是粮食，金顺有兵无粮，景廉有粮无兵。景廉担心金顺来新疆之后，自己的都统位置可能不保。因景廉有粮不给金顺，金顺的军粮只够一月之用，就派遣佐领恩泽前往兰州向左宗棠请粮救急，周先檀（金顺幕僚）等人设宴，赋诗壮行，在诗序之中，记载当时"千里溃粮，士有饥色"[4]惨景。在同年11月15日奏折当中，金顺又写道：

1　左宗棠撰，刘泱泱等校点《左宗棠全集》奏稿六，岳麓书社，2014，第185页。
2　戴良佐：《伊犁将军金顺述评》，《伊犁师范学院学报》2006年第1期。
3　秦红发：《清代平定阿古柏之役方略》，郑州大学博士论文，2018。
4　引徐中煜《左宗棠收复新疆过程中的军粮采运》，《新疆大学学报（哲学·人文社会科学版）》2010年第2期。

"奴才全军军食除自行屯采供支之外，尚缺二万石，不敷接新……查奴才营驼可染灾，陆续倒毙极多，现存可用仅有千只，前敌转运尚且不敷，拨派赴各处买驼委员来函均以缺银不能集事。"[1] 战争前期，军粮不足的情况造成了整个西征严重受阻。

1876年5月4日，湘军前锋谭上连部抵达巴里坤，分兵驻扎巴里坤以西的芨芨台、色必口、大石头和三个泉等地，以保证巴里坤和古城之间的运道畅通，随后，谭拔萃和余虎恩也相继率部到达。5月底，刘锦棠来到哈密，着手准备进军事宜。他命令后续部队把储存在哈密的军粮分起短运，先翻越天山，运抵巴里坤，再从巴里坤运到古城奇台。同时，要求各部务必于闰五月底全部到达指定位置，整装待命。这样，既解决了运力不足的问题，又使士兵得到了休整时间。7月1日，刘锦棠从巴里坤抵达古城，分兵驻扎木垒河以东地区。在对后方进行了周密、妥善的部署之后，刘锦棠即率轻骑前往济木萨，与金顺共同商讨进兵计划。[2]

左宗棠督办新疆军务时，古城奇台商贸就开始重新生机勃发。因为左宗棠设军府之地正是古城奇台，也正是在此地就地采买军粮，聚集军火、军需物资，并由此西进，收复新疆。前线军报亦经古城奇台递送朝廷。古城成为左宗棠部的后勤供给地。

承担主要采运任务的是古城奇台、巴里坤、哈密、安西。

在新疆打仗，人烟稀少，走几天不见人家、村落是常有的事。

1　转徐中煜《左宗棠收复新疆过程中的军粮采运》，《新疆大学学报（哲学·人文社会科学版）》2010年第2期。
2　管守新：《刘锦棠与清军收复新疆之战》，《西北民族研究》1996年第1期。

所以粮食和运输是新疆用兵的首要难题。左宗棠说："粮、运两事，为西北用兵要着，事之利钝迟速机括，全系乎此。千钧之弩，必中其机会而后发，否则，失之疾与失之徐，亦无异也。"[1]左宗棠细心周详，通过多个渠道，粮运问题得到了妥善解决。

西征军的军粮粮台需要重新设置。袁保恒认为粮台仍设置在肃州，景廉观点类似。而左宗棠认为应在北路的乌里雅苏台、科布多、巴里坤等地选择一处设置移台，另两处设分台。左宗棠认为，肃州则偏于南路，其北距古城2960里，东北距科布多4300余里，距乌里雅苏台近6000里。[2]其次，北路不患无粮。清军出关前后，乌里雅苏台、科布多一带粮食丰稔，且无贼窜扰，道路安全。再次，北路不患无驼。当时，袁保恒采购骆驼的款项已经划到乌里雅苏台，在此地购买的骆驼由古城、巴里坤接受放牧，以备北路转运粮食之需。最后，北路设置粮台一举多得。不但景廉遗存在乌里雅苏台、科布多的粮食得资转运，并且可以收购两地的新旧之粮分运古城、巴里坤。

入疆部队的军粮，除前线采买外，主要由河西、河套和俄边筹备转运至新疆。

河西军粮的转运，一般走的是甘新大道，这条路是由兰州西出河西走廊，经嘉峪关，安西越戈壁抵哈密，再翻越天山进巴里坤、古城。其中，甘肃境内为官设驿站；军台大道，新疆境内为营塘大道，沿途主要站、塘和里程如下：

1 秦瀚才：《左文襄公在西北》，岳麓书社，1984，第106页。
2 左宗棠撰，刘泱泱等校点《左宗棠全集》奏稿六，岳麓书社，2014，第114页。

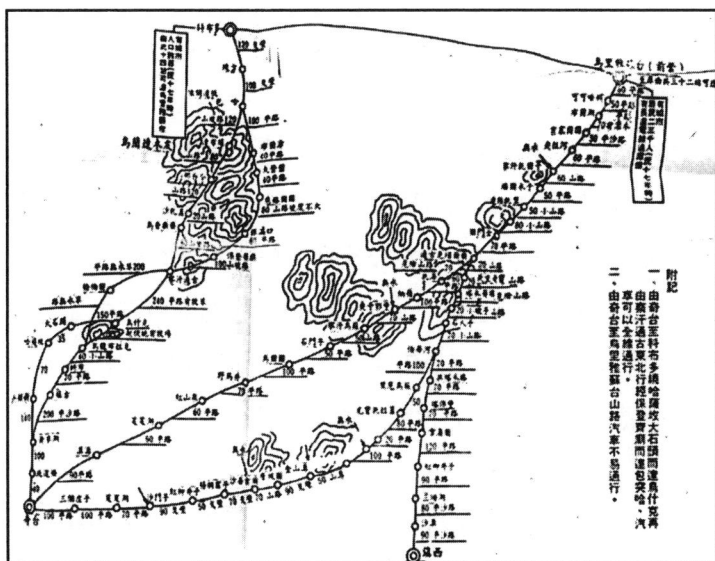

图9　奇台镇西至科布多、乌里雅苏台道路要图 [1]

凉州480里，甘州420里，肃州560里，安西1050里，哈密330里，巴里坤700里，全长3540里。[2] 这条道路是河西军粮及绝大部分军需品运往前线的干道。除此之外，还有一条相当重要的运输线路，即甘新间道。宣统年间，新疆巡抚袁大化在他的《抚新记程》中，有这样一段记载："闻光绪初年，左文襄公进兵新疆，

1　张大军：《新疆风暴七十年》，兰溪出版社，1980，第327页。
2　参照左棠奏稿及无名氏著《驿站路程》（收于《小方壶斋舆地丛钞》再补编第一帖）。

因水草不便，从三道沟，桥湾营出边走蒙古草地，入黄芦岗进剿省城，未尝经安西，哈密间戈壁，最为得计。"[1]这条路线不是行军路线，而是输送军火、军粮的运输线（当时出关的几支主力部队，都是走的甘新大道）。

根据多方记载，这条间道由玉门附近三道沟或桥湾北上，入马鬃山，经岷水等地到达塔勒纳沁，再绕行东北经东山、淖毛湖，最后到达古城，可不经安西、哈密间戈壁，也不必翻越天山。途中主要经过地区，马鬃山"水草丰美，颇多垦牧咸宜之地"，塔勒纳沁（今沁城）早在雍正年间已兴办屯田；东山历来就是产粮区，淖毛湖又是大牧场。这些条件，从长途运输的人畜粮草补给考虑，都十分有利。[2]

1876年5月，左宗棠写信给刘锦棠："此后，或由此间官民车径解巴里坤、古城，以取捷径，不过哈密、天山似较妥速也。"[3]左宗棠还拟定了肃州辆车径解古城奇台的计划，光绪元年四月二十一日，在袁保恒的奏折中，记述了雇佣蒙驼的场景："按程设立三十四台，专司带领道路，另雇蒙驼一千五百只，民驼五百只，分作四段，各以五百驼任选一段，班转递运，每次司运官斛八百石，限四十日运至巴里坤，间二十日由宁发运一次。"[4]到1876年6月，"肃局已报民车起运二十三批，官车起运六批"[5]。甘新间道

1　袁大化：《抚新记程》，中国国际广播出版社，2016，第177页。
2　李明伟主编《丝绸之路贸易研究》，甘肃人民出版社，1991，第261页。
3　左宗棠撰，刘泱泱等校点《左宗棠全集》书信三，岳麓书社，2014，第47页。
4　《中国第一历史档案馆·全宗3》，卷7134，光绪元年。
5　左宗棠撰，刘泱泱等校点《左宗棠全集》书信三，岳麓书社，2014，第23页。

上使用的运输工具有官车民车一千多辆，由肃州直接运达古城，粮运成效十分可观，截至1876年7月，运粮两百万斤，在乌鲁木齐战役临战前，到前线两百万斤军粮，其意义是不可低估的。

1875年4月，河套军粮运往新疆，走的是绥新间道。因为，当时从京师到新疆，由北路行，还有几条台站大道："一自奇台东趋瀚海，漠南地方，如宁夏、绥远等可以直达，是为南路；一自奇台东北，可趋科布多及乌里雅苏台以达库伦，是为中路；一自承化东趋乌梁海与科布多，是为北路。三路在蒙古总汇于乌里雅苏台，在新疆总汇于迪化。"[1]这三条大路既是左宗棠所说"北、南、中三大路"。

左宗棠的军粮运输走的是绥新间道，从蒙古、宁夏到新疆，有一条商旅往来捷径可以直达巴里坤、古城。这条草原之路，沿途水草丰美，有粮可采，有驼可雇。左宗棠饬归，包粮局全部雇佣商驼长途运输，直达巴里坤、古城，"而实装实卸，无喂养虚耗犹不计也"[2]。从归化到巴里坤，一百斤粮摊算下来只有八两银，较关内河西运往前线，耗费节省一半。[3]从1875年5月试办至1876年7月，合归、包、宁各处所采之粮，运到巴里坤的达七百万斤。这批军粮对确保乌鲁木齐战役的顺利发起，起到了相当重要的作用。我们知道，骆驼在戈壁、草原行路，速度较快，每日行程绝不止70里。

1　蒋君章编辑《新疆经营论》，正中书局，1936，第86—87页。
2　左宗棠撰，刘泱泱等校点《左宗棠全集》书信二，岳麓书社，2014，第497页。
3　李明伟主编《丝绸之路贸易史研究》，甘肃人民出版社，1991，第266页。

1875年夏，左宗棠在兰州与索斯诺夫斯基议定的购买军粮合约，俄方在斋桑泊一带为清军代买五百万斤粮食，并由俄方代办运至古城。[1] 护运费用摊入粮价，运费之中，计每百斤需银七两五钱。按原议方案，俄粮全由骆驼负运，自斋桑泊一带出发，沿额尔齐斯河谷行至布伦托海，再由布伦托海直趋古城，俄方安排的这条运道，左宗棠在给俄方和清方接受粮食官员的函牍中几次提到。后称俄运粮道。[2]

别夫佐夫是俄国驻西西伯利亚的鄂木斯克城的一位参谋部的大尉，奉命率100名哥萨克护送运粮队。一支向中国的天山北部——古城进发的运粮队。这支运粮队运送的是左宗棠在俄国购买的军粮，运粮队要经过天山和阿尔泰山之间以往人们很少探察或根本未曾探察过的准噶尔盆地。别夫佐夫的任务是：要尽可能地收集有关运粮队要经过的地区，特别是在这以前没有任何一个欧洲旅行家到过的布伦托海与古城奇台之间地区的资料。1876年5月，从斋桑出发，运粮队翻过俄领中亚低矮的曼拉克山，经齐里克图平原进入中国境内。到达布伦托海，沿着乌伦古湖行走，抵达阿尔泰山支脉的胡图斯山后，折向西南，经过噶顺，穿越古尔班通古特沙漠，到达古城奇台。途中经过高耸的山隘和准噶尔盆地东部大片缺水沙漠和半沙漠地带。运粮队在古城住到8月初，别夫佐夫利用这段时间详细了解途中与当地不同民族的生活习俗，绘制了一幅(天山北路)地图。同时，他还深入天山进行考察。

1　李明伟主编《丝绸之路贸易史研究》，甘肃人民出版社，1991，第266页。
2　蒋致洁:《左宗棠进军新疆运输路线考略》，《社会科学》第1987年第1期。

"详细考察乌伦古湖、阿尔泰山东南端及阿尔泰山与天山之间的地方，初步了解了最为驰名的天山群峰之一的博格达峰。"[1]

俄国为了控制清政府，在新疆得到更多的利益，索思诺福齐率领一个所谓的"科学贸易考察队"到达兰州，在左宗棠的总督衙门住了27天，刺探清军的实力和清政府的军事力量。他说："我的考虑在于使左宗棠和他的军队，被吸引到我们的储备上来。"还说："假如七万武装良好、守纪律、善战但由于缺粮而无法作战的军队，依靠我们的给养，那么请注意——所有的机会都掌握在我们手中：同意让步和达成协议，就给你们粮食；不同意就不给你们粮食。"[2]

在各种筹运措施的共同作用下，到1876年春季，清军的粮食储备如下：哈密1000万斤，古城800万斤，巴里坤500万斤，合计超过1.5万吨。此外，清军后方充足的运力，把物资源源不断地运到这些基地。当时运输中的粮食有1万吨，肃州还约有3万吨待运，在安西也有大量储备。

作为西征中心环节的军粮采运从效果上讲，只能算是勉强满足需要。正如左宗棠所言："夫西征用兵，以复旧疆为义，非有争夺之心。"[3]为收复祖国疆土，驱逐侵略者而战，清军在忍饥挨饿

1　参阅别夫佐夫《别夫佐夫探险记》，佟玉泉、童松柏译，新疆人民出版社，2013，第322页。

2　复旦大学历史系《沙俄侵华史》编写组《沙俄侵华史》，上海人民出版社，1975，第219页。

3　左宗棠撰，刘泱泱等校点《左宗棠全集》奏稿六，岳麓书社，2014，第392页。

中"万里长驱,每营仅发四个月盐菜"[1],依然能够坚忍不拔、所向披靡"无却步者"。这说明,如果没有运输费用的局限,胜利必定会更迅速,付出的代价必定会小得多。

道路的通畅与否,直接影响到军粮运输的进程。清政府在新疆用兵的过程中,十分重视对沿线道路的整治,以保证军粮的运输。

第二节 台路—营路—驼道

一、中原通往西域的商路

鸟瞰中国地图,天山山脉由西向东,一派巍峨壮丽。古城奇台就依傍着这雄伟的天山山脉的博格达山峰。

从交通方面而言,位居天山北麓的奇台,更是一个八方通衢之地。这里居于天山北麓东段,奇台正处于一个有力的交通区位上,从北方乌里雅苏台出发的蒙古商队,从东面张家口、归化启程的内地驼队,从西边的伊犁、塔尔巴哈台以及从南面的吐鲁番、喀什噶尔远道而来的商队会集于此。无论从任何一个方向看,古城奇台都比较适中,沿途优良的草场宜于驼队经过,不设关卡的往来商路,免去了赋税烦琐之手续,同时奇台还是天山北部地区粮食主产区,粮价低廉,因而它成为这一地区最大的贸易中心和

---

1 左宗棠撰,刘泱泱等校点《左宗棠全集》书信三,岳麓书社,2014,第16页。

商品中转市场。

广袤的中亚草原上有着四通八达的草原道路。

军台，即急用飞递军台，主要职能是传递军事文报。其最初是随着军队征战铺设的，也就是清朝军队前进到何地，军台就随之安设至何地。雍正年间，清军进驻哈密、巴里坤，军台就由此延伸至新疆境内，但军台在天山南北普遍设立，形成网络还是在清朝统一新疆之后。

新疆的军台设置过程中不断有调整，但总体上形成的格局是，以伊犁为中心，一条由伊犁经库尔喀喇乌苏、乌鲁木齐、吐鲁番、哈密，出星星峡与嘉峪关军台相接的直通京师的主干道；两条干道，即库尔喀喇乌苏至塔尔巴哈台的北疆干道和吐鲁番经叶尔羌至喀什噶尔的南疆干道；三条支道，即伊犁直越冰岭至阿克苏的连接南北疆支道，阿克苏至乌什支道，叶尔羌至和阗支道。主干道保障伊犁将军府、乌鲁木齐都统府与京师直接、快迅军政文报联络。干道和主干道相接，保障驻塔尔巴哈台和驻南疆的两大参赞大臣与清廷和伊犁将军的军政文报联系。冰岭道旨在强化南北疆军政联系，而乌什支道和阗支道，把与驻扎边缘的乌什、和阗办事大臣的军政联系起来。台站间相距百里左右，站站相接，形成网络，把新疆军府机关将军府、都统府、参赞大臣、办事、领队大臣衙门联系起来，并统一于全国军台、驿站体系。新疆军台共122座，军台道达1万余里。军台设置顺自然地理形势沿传统古商道，大体与现代公路走向一致，但也并非完全吻合，有些地段现代公路在军台道数十公里之外与之平行。[1]

营路就是军营之路，也是专门用于军队军事任务的道路，它主要形成于康熙帝征讨噶尔丹时的军事行动，在以后的年代里，由于驻扎军队的科布多（俗称前营）和乌里雅苏台（俗称后营）与绥远之间的紧密联系，营路在很长的一个时期内都显示着特殊的重要性。

但是营路只有归化—前营、归化—后营这两条。在新疆的是营塘，以新疆绿营最高长官提督驻地乌鲁木齐为中心分三道安设的。东道有乌鲁木齐沿天山北麓经古城、巴里坤、哈密，出星星峡；西道与军台主干道并行；南道与军台主干道并行经达坂城至吐鲁番，营塘覆盖绿营兵屯地区。而台路就多了，这是因为台路就是官家的驿道，为了有效地实现行政上的管理，从北京到库伦，从北京到归化，从北京到乌里雅苏台和科布多的驿道上，常年都有官家的役使奔赴往来，北京的官员们的身影也经常在这遥远的驿道上移动。官员们沿着设有许多台站的驿道行走。军台沿线农民经常要为军台出差驿牲畜，远途转运，十分苦累。服役的农民不但要无偿地工作，而且驿站上所需要的马匹也要农民个人提供，朝廷对此也不付报酬。穷苦的农民、牧人用自己的无偿劳动使漫长的驿路保持畅通，为国家的统一、边疆的安宁默默地做出了自己的贡献。

营路和台路前者属于军队后者属于政府，只有驼道才属于民

1　潘志平：《清代新疆的交通和邮传》，《中国边疆史地研究》1996年第2期。

间的，属于商业性质的道路。在民间为了叙述方便，常常把这几种不同的道路混同使用，日久天长，人们就真的不大清楚什么是台路什么是营路什么是驼道了。这完全是习惯造成的。事实上不管是用于军事的营路，还是用于官府的台路乃至于民间的商路，它们的区别往往只是在于地图上，只在于人们的概念中。而在现实的草原、荒漠上，这些被标注上了各种名称的道路常常是重叠、纠缠在一起的，在很多时候，商路也是台路，也是营路，在老百姓的眼中它们是一回事。不论营路也好台路也罢，都不是由人工专门修筑出来的道路。在这里需要弄清楚的一个概念，就是那时候草原和荒原上其实没什么真正的道路可言，隔着几十里甚至上百里建一个台站，官员马车的轮子和驿使的马蹄子在草原上碾踏出来的痕迹就是台路了。

中国北部的草原地带的通道，也就是草原丝绸之路。它东起蒙古草原（不过丝绸之路只经过该草原的西半部），向西越过阿尔泰山进入哈萨克草原。大草原景观极其单一，没有容易辨认的自然标志，也没有固定的居民点，甚至找不到道路的痕迹，人们行经其中很容易迷失方向，至少要绕不少弯路，这也是不利于旅行的因素。对于军队来说也是一样，在坦荡的草原上军队或军车通过的路线就是营路，在这里重要的是军队的出发地点和到达地点。而实际上在草原上被车轮碾过被马蹄踏倒的草，被风一吹经过太阳一晒很快又抬起了头，就看不出道路的痕迹了，这里的道路的概念其实就是一个大概的方向而已。

但是不论风雨雪霜怎样剥蚀，风沙如何掩埋，台路、营路和驼道，总有一些痕迹会在草原上保留下来。沿着驼道去考察，就会发现以台命名的地方，如三台、五台、奇台、塔尔巴哈台，有的已经发展成城镇了，很少有人知道它的前身就是驿道上的一个台站。奇台的地名，据说就是从第七个台站而来的。

从奇台出发经过北道桥一直向北走，就是古城北路，是一条通往科布多的营路，也是商路。这条路已被驼夫们遗弃了近半个多世纪，已变成现代公路，道路两边是郁郁葱葱的农田了。"北路所经皆系沙碛，只容驼马，车不能行。其路之远近有冬夏之别，冬因冰雪遍地能行捷径，夏必绕道寻水，故今之路程里数与昔比较多不相符。一自今治地孚远驿起，出北门北行十里至头屯，又北行十里至二屯，又北行三十里至北道桥驿，又北行一百二十里至黄草湖驿（旧名噶顺台），又北行八十里至将军戈壁，又折而东北行八十里至苏吉（此处旧有台站），又东北行八十里至元湖驿出本境。西北界与科布多属鄂伦布拉克台之南路相接。"[1] 时隔几百年呈现在面前的营路，一条铺展开来的沙碛路，蜿蜒向前延伸展开。于是那延绵不绝的驼队就浮现在眼前，是无数只骆驼的绵软的蹄掌和马匹、羊群的角质的蹄子，将原本与道路两旁一样浓密的草踏倒了踩碎了；一遍一遍地踩踏下去，使草茎折断、碾碎最后研磨成齑粉；当一场大风从这里刮过的时候，它们就变成了尘土被带到很远很远的地方。这样的绿草就在草原上为商队让出了一条道路。裸露的坚硬的沙土地承接过往的驼队。

1　杨方炽：《奇台县乡土志》，马大正、黄国政、苏凤兰整理《新疆乡土志稿》，新疆人民出版社，2010，第43页。

古城通往草原和荒原的大驼路有5条：北至科布多、乌里雅苏台；东北至归化；西北至阿尔泰山；东经哈密入嘉峪关；西至伊犁、塔尔巴哈台、俄罗斯，都发于古城奇台。小驼路不计其数。

古城至科布多驼路，出古城孚远驿有北道桥驿、黄草湖驿、将军戈壁、苏吉、元湖驿、科布沟、鄂伦布拉克台（以下入今蒙古国境内）、锡伯图台、布敦哈喇腰站、察罕通古台、沙斯海台、玉音齐台、达布苏台、博多浑台、苏济台、科布多台。[1] 此道联系着新疆蒙古间的交通，如史料所记"蒙古食路全仗此间"。这也是连接古城和归化城及京师的重要通道。

古城至归化城共计5100里路程，73个站台。此路向来为京津商货来新疆的通道，京津商人定期发货，三月发张家口，五月发古城奇台；五月发张家口，八月就发古城奇台。这条路的中途有通往乌里雅苏台的支路。出古城东，经三个庄子。在芨芨湖，此处有路通乌里雅苏台，驼行计30站。在察罕桃李该，此处也有路通乌里雅苏台，驼行计23站。[2]

科布多和乌里雅苏台之间也有一条热闹的驼道相连接，这一条驼路与台路几乎完全重叠。乌、科两地都是驻有重兵的军事营地，传达军令、报送军政文报、运送军需的数量非常大，因而十分繁忙。

奇台至科布多，四站10台，共715公里。

乌鲁木齐至伊犁，沿途23台，全长890公里。

1　谢彬著，杨镰、张颐青整理《新疆游记》，新疆人民出版社，1990，第231页。
2　谢彬著，杨镰、张颐青整理《新疆游记》，新疆人民出版社，1990，第232页。

二、奇台古道行

古道，其实就是古代的路，听起来很普通，然而懂它的人都明白，古道承载了许多悠久而深厚的历史。不仅如此，古道上的美，能让一个心如磐石的人，从内心深处生出最丰沛的情感。在古道上，有"铁马秋风大散关"的豪放，有"细雨骑驴入剑门"的冲淡，有"陌上花开，可缓缓归矣"的浪漫，也有"古道西风瘦马，断肠人在天涯"的寥落。

当年在奇台城中穿行往来的，虽然仅仅是骆驼、马、骡、牛车，但基本保证了这个交通枢纽的运输需要，给沿线的村落、城镇带来了繁荣，保证了清朝军队的供需。

科布多城是与古城奇台密切往来的城市，大约在1730年建城，最初是一座军事城堡，但其军事性质很快就被繁盛的商业所取代。1768年，理藩院在科布多附设了一座培养录事的学馆，内有15名少年学习。

古城大宗粮食成为与蒙古交易的主要商品，从古城通往蒙古的粮道称为"蒙古食路"，可见关系之重。1876年，俄国旅行家波塔宁来到科布多，说到商铺的数量，西边的西街与大街平行，这条街上商贸活动最为兴隆。当时，科布多有五家商行，每一家都有自己的货栈，里面有伙计的住房和堆放砖茶、大布、斜纹布的仓库，这些商铺都是山西人开的。北京庄人每年来科布多一次，他们的货物较齐全，有绸缎、瓷器、烟草及其他杂货。当时北京的商铺只有两家，买卖城约有60户人家，商人总共不足千人，这座城还是军事商贸城。[1] 1892年，另一位俄国旅行家波兹德涅耶夫记载，科布多的买卖城除了一些院墙和院子的大门外，几乎都是店铺，而且院墙和院门只是在大街上才占有较大的空间，在西街上则几乎全是鳞次栉比的店铺。科布多西街的店铺每排有39家，而大街的店铺每排只有14家。可是大街却集中了科布多买卖城中所有富商，这里所有建筑物都是砖坯砌成的。[2]

从北京出发到新疆，一条为西路，基本依丝绸之路的路线。另一条是称为北路的草原商路。经过归化城，以驼队为运输，向北经过蒙古草原取道乌里雅苏台、科布多，皆汇集于古城。凡是从草地运来的货物都在此囤积。19世纪末，古城奇台成为西域最大的商埠之一，是东西、南北商货的集散之地和商务枢纽，这对当地经济的整体发展产生了巨大的推动力。

清代因战乱内地到新疆的道路多次中断，因此，左宗棠统兵收复新疆时，这条草原驼运商路起了重要作用。因古城是草原商路的起（终）点，从内地运来的货物都在此向西、向北转运，所以，以古城为中心的驼运商路四通八达。古城的驼运业的触角伸向内地天津、北京，蒙古，俄罗斯甚至更远的地方，运输的货物远远不只是新疆的地产商品和内地的茶叶、丝绸、瓷器等商品。

从科布多到古城还有一条民间小路。这条道路是科布多每年

1　散旦：《清代科布多城交通道路及商贸初探》，内蒙古师范大学硕士论文，2017。
2　散旦：《清代科布多城交通道路及商贸初探》，内蒙古师范大学硕士论文，2017。

派骆驼队前往古城采办内地商品的必由之路。根据富俊《科布多事宜》记载，科布多商民即各部落蒙古往巴里坤、古城贩卖米盐货物等物品时，因路途遥远，所有口粮听其裹带。所有裹带之物必须路票内注明到科布多之日，相互稽查。因科布多、乌里雅苏台的官员、商人及各部落蒙旗人购买米面时常常去古城、巴里坤等地。但是与清政府规定的茶叶商贸划区管理发生矛盾。经果勒丰阿奏请，得到准请。科布多前往古城采办货物被清政府认可，只是必须严格监督，限运砖茶7000余箱，这条商路上依旧奔波着科布多、古城的商队。

伊犁九城位于天山北路的西端，由迪化、古城向伊犁通往的路途中经过天山北路的一串城镇，这些城镇都被繁忙的交通带动而繁荣起来。

伊犁地区是伊犁将军驻节的地方，这里自然条件比较优越。清朝政府开发和守卫伊犁的决心也十分坚定，将伊犁全部纳入版图，驻重兵守卫，建造城堡，形成一个以惠远城为核心，以其他八座城堡为依托，以索伦、达斡尔、察哈尔、锡伯等官兵游牧地为外围的依次配置的边防城镇体系。

为保障绿洲彼此之间的交通运输畅通，保障边务的辅助体系，使得军府制度的职能更好地发挥作用，清政府在新疆确定以定期换防、巡逻、卡伦、军台、营塘为其军事体系的一部分。这些军事交通线与城市间的商路有重叠的部分，乌鲁木齐至伊犁线，沿途23台，全长890公里。沿着天山北麓进入伊犁河谷，翻越果子沟，那时的路如谢彬所描述的，"果子沟，为迪化伊犁间现今唯一通路，密迩俄境，守边者当如何加以防护也。夹岸峰峦峭耸（即塔勒奇山），上多药材，松林阴森，弥望苍碧；果树杂生，群花竞放，浓碧嫣红，步步引人入胜。山泉成涧，积流为河，奔腾汹涌，或类瀑布，曲折弯环，幽境如画。山水之奇，胜于桂林；岩石之怪，比于雁荡。昔元太祖西征，凿山通道，于沟刊木架桥四十有八。清乾隆时，保文瑞公因其遗址，改建四十二桥。其六道桥一处，峭壁悬崖，宽才一丈。每值春融雪霁，或逢阴雨连绵，桥辄为水冲折，旅行视为畏途。光绪丙申（1896），伊犁将军马亮傍山凿石，新辟一路，始化险为夷"[1]。这些山里的道路不同于草原道路、荒漠道路，都是古人们逢山开路，遇水搭桥开凿出来的。当年在西域大地上纵横展布的丝绸之路，不止正史上所记载的"南道""中道""北道"等几条干线。实际运行中的交通线路，要丰富得多，复杂得多。

古代哈萨克草原丝绸之路一直延续到清末。在清代伊犁将军与西域各民族共同努力下，哈萨克草原丝绸之路发展主要以"绢马贸易"为核心。1762年全年"绢马贸易"总额超过4000匹；1763年清政府先后在乌鲁木齐、伊犁、塔尔巴哈台设置驿站，全面与哈萨克草原的游牧民展开"绢马贸易"，其他贸易活动也不少。清政府军用马匹大多由与哈萨克贸易提供，哈萨克草原游牧民用的丝织品，大多由苏州、杭州、江宁三个地方织造。所需棉布由天山南部的维吾尔人纺织提供。当然，贸易还有茶叶、瓷器

1　谢彬著，杨镰、张颐青整理《新疆游记》，新疆人民出版社，1990，第78页。

和其他日用品。伊犁是物极饶富之地，"故论者以伊犁为北疆第一胜地"，商业繁盛，素有"小北京"之称。

奇台通往内地的商道，在清朝统一新疆后，建立了以伊犁为中心的军台系统和以乌鲁木齐为中心的营塘系统，二者共同组成清代中前期的官道。军台的设置，以伊犁为中心，大格局是一主干道，两条干道，三条支道。主干道由伊犁经库尔喀喇乌苏、乌鲁木齐、吐鲁番、哈密，出星星峡与嘉峪关军台相接直通京师。而主干道上哈密境内的瞭墩至吐鲁番的齐克腾木，军台设在哈密与巴里坤交界的山上橙槽沟、肋巴泉、套赖、梧桐窝一线。[1] 此道水草丰富，但山路艰难，使用了半个世纪，大约在嘉庆年间便放弃了。1805年，祁韵士谪戍新疆，走的是十三间房、苦水一线，但十三间房终日狂风不止，一路数百里寸草不生，祁韵士在他的《万里行程记》载有"俯视所经，则见沙砾大石委积道上"，"迎面巨石，磨牙屹立欲搏人，凶恶不可名状，觉森森黑暗，非复人间世"。[2] 后来就有走一碗泉、七角井路直通古城奇台，虽然是小路，但可以避过风区，只是沿途没有住房，行人无处食宿。我们从倭仁的《莎车行记》中看到此路的记载，相比之下，路况稍好。主干道变迁另辟之路经行七角井到古城，对清中后期东疆交通地理改变起着极其特殊和关键的作用。1876年刘锦棠进军新疆平叛阿古柏时，便把南线官路移到北线，并添建房屋，供应给养。如此，从陕甘赴新疆还可以选择从哈密或七角井处翻越天山，这样，

1　潘志平：《清代新疆的交通和邮传》，《中国边疆史地研究》1996年第2期。
2　祁韵士：《万里行程记　陇蜀馀闻》，中华书局，1985，第20页。

巴里坤的交通地位被进一步弱化。巴里坤交通地位的弱化与古城奇台交通地位的凸显引发了部分入疆商路的调整。

在天山东部地区，南路军台和北路营塘道平行，中隔天山无官道可通。一些习惯走小道的民间商人以七角井为起点西行入天山峡间道直驱北路的色必口，以沟通哈密至古城间的交通，此俗称"小南路"。1842年，林则徐谪戍新疆，走的就是这条路。在他留下的日记中，曾具体描述了沿途备受困苦的景况。择录如下：

> 哈密距嘉峪关一千五百余里……新疆南北两路，皆此分途，天山横亘其中，故有南北祁连之称。祁连即天山，夷词谓之达般。北路过达般则至巴里坤……凡赴古城、乌鲁木齐、库尔……皆应取道于北。其西南达吐鲁番，凡赴南路喀喇沙尔、库车、阿克苏……皆应取道于南，然北路过达般，其寒彻骨，且雪后路径难辨，倘有迷误，即陷于无底之雪海，故冬令行人虽往北路，亦多由吐鲁番绕道；而中有十三间房一站，为古之黑川风，若起大风，车马皆可掀簸空中，则吐鲁番一站，亦行人所惮。惟别有小南路一条，亦通古城、乌鲁木齐，其路较近。盖由哈密西南二百八十里之瞭墩分途往北，即避北路达般之雪，又避南路十三间房之风，行人无不乐于由此。[1]

除了这类穿越荒漠、沙碛的瀚海路外，更有许多条翻越天山冰岭峡谷的路，最后都汇聚到吉木萨尔地区。

1　龙小峰：《清中期至民国交通线的变化对奇台商业经济的影响》，《兰州学刊》2012年第4期。

翻越天山，从吉木萨尔地区去吐鲁番，除他地道外，还有花谷道、移摩道、萨捍道、突波道、乌骨道几条线。由吐鲁番去北木头沟经七泉湖、黑沟翻萨尔勒克达坂进入奇台；从鲁克沁北行入二塘沟，过七克台，经碱泉子、翻沟川达坂；或者翻越祖尔木土达坂、阿克古勒达坂进入木垒河谷，应该就是这些古道所行径的沟谷。[1]他们仍都处于一种自然状态，仍然如《西州图经》所说的，虽然沿途水足草丰，但山势险峻，大多数只能通行人、马。商人们从吐鲁番沿着山路驮运棉花、水果至古城，再经古城转运至归化。现如今这些山路，已有人将此作为探险旅游的线路。

古城通往归化的路，即新绥商路，是新疆商队、归化商队的东路。自新疆至绥远，有大草地和小草地两路，大草地即由新疆古城奇台经外蒙古南部到达绥远，此路水草肥美，最宜畜牧。新绥商业发达，全赖骆驼运货于内、外蒙古及甘、青、宁、新各省，返回归化时，则载西北各地土产，取道大草地用骆驼运输至绥远或包头，由此可以接平绥铁路运至天津出口。这条路在1911年外蒙古宣布"独立"，并出兵攻占科布多时，混乱的局势使得大草地这条路路断人稀。之后，1915年，外蒙古取消"独立"，大草地一度恢复短暂的通行，至1921年即告断绝。这条从清代到民国时期北方最重要的商业交通路线最终断绝。内地与新疆之间的商贸往来遭巨大打击，古城至科布多、乌里雅苏台的驼运路线也因外蒙古的"独立"逐渐走向断绝。

1　王炳华:《解密吐鲁番》，浙江文艺出版社，2012，第96页。

中国的悲剧在不久之后上演，就是不可避免的了。其实，这是中俄在中亚大陆的碰撞。从19世纪后半叶开始，中国成了西方列强餐桌上的羔羊，任人宰割。到了20世纪，俄国在经济方面显示出强于中国许多倍的实力，成了炫耀于世的超级大国。关于中国和俄国沿着各自不同的轨道向前运行，这一点，法国历史学家加斯东·加恩在他的《彼得大帝时期的俄中关系史》中这样写道：19世纪将决定两个帝国中哪一个可以得到领土扩张的胜利，20世纪将显示出谁占经济优势。俄国方面的商务观点，中国方面的政治观点，最终将融化在一起：有了经济的联系才能保证中亚细亚的征服。经过1689年《尼布楚条约》至1728年《恰克图条约》，整整40年的历史进程，中俄两国间在商务、外交和政治上的中间媒介消失，两个帝国得以面对面地直接对话，使得许多问题简单化了，为着以后的双边关系的发展提供了基础。[1] 18世纪俄国取得了领土扩张的成功，而中国却拿出数百万平方公里的国土作了牺牲。中国人在历史的痛苦记忆与现实的尴尬中饱受着折磨。

蒙古国成立后，归化通向喀尔喀草原以及西伯利亚的驼道被国境线隔断了。恰克图市场衰落，驻恰克图的中国商人尽数撤回。仍然能畅通的驼道就只剩下了归化通往新疆的道路。这条驼道称为小草地。新绥商人为了生计，又奔波在这旷古高原，大漠风尘的商路上，这就是从哈密经额济纳和阿拉善两旗入绥远。具体是，由古城奇台经镇西，沿天山北麓，过哈密，转甘肃北部的

1　加斯东·加恩：《彼得大帝时期的俄中关系史》，江载华、郑永泰译，商务印书馆，1980，第296页。

居延、额齐纳旗，从宁夏北部和河套地区抵绥远的归化。这条路沿着甘肃、内蒙古之间的长城内外水草丰沛的地方穿行，仍需要经过戈壁、沙漠荒原，给养困难。这条路与大草地路可不一样，走在大草地路上，就是走几天也不会感到枯燥单调，而这里的路，有的路段简直就是赤地千里，有的路段上有几株美丽的梭梭树和柽柳，给荒原上增添了几分生机。

过去新绥之间商业的发达，全依赖骆驼运货于甘宁青新各省，归来时则载着西北各地的土产，新疆的皮毛、棉花、干果、药材等，以繁荣市场。自外蒙古"独立"交通断绝，绥省的商业蒙受极大损失，驼业也随着一蹶不振。所幸，新疆自杨增新主政以来，对于交通、商业上无任何限制。故绥省转运外蒙之驼，一变而为转运新疆之驼，新绥商业仍继续在这条商道上艰难地行走着。

在穿越蒙古新疆的商道之旅中，那些生长在戈壁荒漠道上的驼商和驼夫，当他们出发踏上驼道时，就把家乡的纠缠搁置一旁，带着游牧民族与农耕民族的混合风味，沿着古老的"长城—天山"商路前行，一代一代的驼客行走着。

三、古老的商路

茫茫草原上湮没已久的草原丝绸之路早已不见了踪迹，辽阔的草原上只有寂静。清朝的西征大军的军旗在这条古老的路上再次扬起。号角声声催征人，重整行装再出发。"叮铃……咚哒……叮铃……咚哒……"有节奏的驼铃声伴随着队伍向西前行。

1690年，清廷出兵征讨噶尔丹，北路通道打开。清廷进军西域的路线分为两条：一是从蒙古出兵的北路，大本营设在科布多；二是从河西走廊地区出兵的西路，大本营设在巴里坤。进军西域的军队的物资、军粮、饷银都需从内地运至巴里坤，再转运至前线各地。而北路是很重要的行军路线，也是运军粮的重要路线。北路是一条草原之路，沿途水草丰美，路途平坦，有粮可采，有驼可雇。西路，在关内运粮饷使用车辆载运，出嘉峪关就是靠驼运。从京师到西域路途漫长，在这辽阔的地域上，草原、沙漠连绵不绝，戈壁瀚海重重阻隔，行走运输绝非易事。司马迁说："天下熙熙，皆为利来；天下攘攘，皆为利往。"清代，商人随军贸易由来已久。古书记载："当西征之始，北出蒙古，至科布多、乌里雅苏台为北路，西出嘉峪关至哈密、巴里坤者为西路。当是时，馈粮千里，转毂百万，师行所至，则有随营商人奔走其后，军中牛酒之犒、筐篚之颁、声色百伎之娱乐，一切取供于商，无行赍居送之烦，国不耗饷足，民不劳而军赡。"[1] 可见商人的服务效果是良好的，经营品种齐全，提供服务迅捷。这在当时也是一件双赢的事。因为西征行军路途漫漫几千里之遥，军需供应困难，确实迫切需要有人提供服务。可是动员京津商人进行支援时，那些有钱的巨商大贾不肯效力，只有天津杨柳青一带的流动货郎愿意随军西征。这也是他们的处境决定的，当时这天津城西30里的杨柳青镇，地近通商大埠，以做小买卖为生者甚多，尤其多幻想去

1　袁大化修，王树枏、王学曾等纂《新疆图志》卷二十九，上海古籍出版社，1992，第16页。

外地寻求生财之道。当年那里曾流传一句谚语："十事九不成，只有赶大营。"一些在家乡无以谋生的人，便背井离乡，踏上西去赶大营之路。于是由一小批小本货郎为骨干，联络了200多名农村贫民，备置了一些日常杂货和常用成药，挑着货郎担，跟在军队后边，一边前进，一边售货。当时驻屯新疆之军队营幕，称为"西大营"，跟随在西征军队后面做小本生意的小商小贩，则称为"赶大营"。这是赶大营的称谓的由来。其时，转运艰屯，惟天津商人首蒙霜露，冒锋镝，岁大军而西行。军中资粮充积，俘获所得，恣为汰奢，不屑屑较锱铢。故津之行贾者，征贱居贵，多用此起家。一时其乡人，相顾色动，闻风靡从，谓之曰：赶大营[1]。事实上，不少人的发家历程正是由此而始。这些内地商人之所以要选择随军贸易的方式，是把它看作一个发财的良机。从甘肃到新疆一路沿途荒寂无人，即使有钱也无处消费，所以不怕吃苦又有眼光的商人当然不会错过这个赚钱的大好机会。另一方面，从安全上考虑，内地商人并非不愿赴疆贸易，只是战乱阻挡了他们的脚步。因此当西征军大举出师，收复新疆时，自然不乏胆识者愿意相随。这样就可以托清军之庇护，保证财产不会被沿途四起的盗匪抢掠，生命也会相对更有保障。所以当时"晋湘诸省商贾亦不后人，相继运货以入新疆"[2]。晋商在从事军营商业活动的过程中进一步开辟了西域市场。当清确定了天山北部的统治地位，

1　袁大化修，王树枏、王学曾等纂《新疆图志》卷二十九，上海古籍出版社，1992，第15页。
2　马克章：《西域汉语通行史》，甘肃教育出版社，2016，第331页。

山西商人就利用占有西域市场的优势，将行销蒙古的茶叶转输新疆，这就是晋茶入疆之始。据史料载，1823年，"此项砖茶，由归化城、张家口请领部票交纳官税贩运来营贸易，迄今六十余年"[1]。依照史料推测晋商之茶入疆正好在乾隆年间。输入西域的晋茶，主要的消费者是西域的游牧民族，包括伊犁、塔尔巴哈台及周围哈萨克牧民。晋商在回程时，皆自古城一带采办粮食，运往科布多、乌里雅苏台地区转售于蒙古牧民。再将收购的皮毛带回归化，这种茶、粮、皮毛贸易自乾隆中期以来盛行了近一个半世纪，也带来了十分丰厚的利润。

在康雍乾三朝西征用兵时，都曾使用部分商人供应军粮。这些商人在运粮同时，还随军经商，从事的军市贸易足迹深入西域。当时由于准噶尔部和清朝的对抗关系，商人的活动范围至多到达西路军大本营的巴里坤—哈密一带，还常常受到多种限制。内地商人一方面将内地的丝绸、茶叶、瓷器、布匹、药材等商品源源不断地供应到西域，同时又使那里的皮毛、药材大量地运到归化城。

在内地商人贩运西域的大量的商品中，最大宗的是茶叶，因为茶叶需求量大，容易获利，商贩都乐于经营。其中官茶，是作为兵饷搭放的，只供当地驻军自用，茶价即在应领饷银内扣出。[2]之所以用茶抵饷，一是考虑搭放"较之买自商人尚属减省，与官

1　刘锦藻：《清朝续文献通考》卷四十二，商务印书馆，1935，第7962页。
2　永保纂《总统伊犁事宜》，载中国社会科学院中国边疆史地研究中心主编《清代新疆稀见史料汇辑》，全国图书馆文献缩微复制中心，1990。

兵有益"，二来可借此推销甘肃藩司的库贮陈茶。至于天山南北民间食用的大量茶叶，有副茶、杂茶、大茶、斤茶等数种。副茶也是甘肃官茶，由西路运来；杂茶、大茶、斤茶均为北路商人贩运。大茶、斤茶又"统称砖茶"，"兵民买食。最称便利"。[1]

邓九刚说，古城与归化之间有着撕扯不清的历史关系。两地距离遥远，可彼此的往来却比任何地方都多，也就不觉得远，听呼和浩特（归化城）的老人们说起，那份感觉就像是多年相处的邻居。1876—1878年左宗棠收复新疆，归化的驼户作为北路运粮队的成员跟随大军奔波于战火之中，为大军收复新疆立下了汗马功劳。1897年，在归化城有一个大驼商方孝恭，是大名鼎鼎的商号"得胜功"的财东，也是归化城最杰出的商界巨子。由大驼商方孝恭联合居住在归化的新疆籍驼户70余家成立了"新疆社"，成为当地非常有实力的一个驼运组织。在清末民初那一段混乱时期里，"新疆社"成了两地之间最重要的驼运力量。归化的大商号大盛魁，在科布多、乌里雅苏台有分庄，在古城奇台有大盛魁的小号。听奇台人讲，想去呼和浩特寻亲，因为那里有他们的血缘亲情，他们要去找寻亲人团聚的时光，回忆祖辈往来于奇台和呼和浩特商的旅生活。在这条路上发生了许多故事是我们不知道的，已湮没在黄沙中，印在了戈壁石上，还深埋在广袤草原的草丛中。

自清中期以来，商贸和运输为一体的重要行业就是驼运行业。

---

[1] 曹振镛等纂《平定回疆剿擒逆裔方略》卷六八，载沈云龙主编《近代中国史料丛刊》（第86辑）。

随着清朝平定统一新疆趋于稳定，内地商人对新疆贸易开始逐渐繁荣，与商业紧密联系的驼运业也由此开始发展壮大。在这驼路上流传着许多驼工驼商的故事，驼运作为一种传统的运输行业，在那个时代发挥着巨大的作用。无数的驼队穿梭于巨大的商业网络之中，古城奇台至归化城的路途上，行走着无数的驼队。在每个深秋都有无数驼队从古城奇台带着珍贵的皮毛、药材、棉花前往归化、京津，又有无数的驼队带着茶叶、丝绸、瓷器及日用品来到古城奇台及中亚。驼运把封闭的新疆及西北地区与全国各地紧密地联系在一起，新疆与内地的交流日益频繁，物资也越来越丰富多样。古老的丝绸之路，也是古老的"长城—天山"商路又活跃起来。

清代，这条古商路上驼队繁荣起来，内地的货物流通到西北及中亚，是归绥的商人们先行通往那儿的。清康熙中叶，清朝与噶尔丹的战争开始，清政府组织商人随军运送粮草、物资。一些商人的起家是借清朝与准噶尔战争的契机。如早期的内务府皇商范永斗范氏以及后来影响整个归绥的大盛魁都是借清朝与准噶尔战争而起家。[1] 在清准战争期间，最先将骆驼用于长途运输是清初皇商范氏的第三代商人范毓馪，因为运送军需物资去往漠北的路途十分艰辛，牛车在运输过程中容易折损，牛在恶劣的环境中

1　清代皇商，内务府买卖人或官商。皇商与其他军府设置的专用商人（也称为买卖人或官商）共同组成一个特殊的商人集团，大规模地从事与封建政府的财政、军需和经济生活有密切关切的商业活动。吴奇衍：《简论清前期内务府皇商的兴起——清代内务府皇商经济专题研究之一》，载叶显恩主编《清代区域社会经济研究》，中华书局，1992，第722页。

长途运输也十分容易病亡或折损，运输成本较高。而骆驼由于自身特征极为适合在这样的环境下长途运输货物，而且驮运能力更强，行进速度更快，能最大节约成本。因此，范毓馪改良了当时的驮运方式，此后蒙古和西北地区的运输主要采取了以驼运为主，牛车为辅的方式。驼运这种长途运输方式被旅蒙商人全盘继承，并逐渐发展壮大。

骆驼作为运输工具的历史十分久远。在中国，从汉代就开始使用骆驼运输军粮，而西域与中原的通贡贸易中，所携带的商品大多是由骆驼运输。"无数驼声遥过碛，应驮白练到安西"描写的就是唐代驼运的画面。直至明代，在与北部蒙古各部进行的茶马贸易中，开始形成了著名的"茶叶之路"，此后西域及整个草原地带的贸易都大量地使用骆驼运输。清代，商人们在长途贸易运输中骆驼作为不可或缺的交通运输工具，成为商路上的主角。西域和蒙古草原之所以长途运输工具以骆驼为主，而不是使用牛、马、骡等小型牲畜，主要是由这些地区的自然环境以及骆驼的自身的特性而决定的。蒙古草原北部、西部和中亚草原大多是荒漠草原，气候寒冷，干旱少雨，多大风天气。草原上的商路沿途环境恶劣，不仅要经受风沙的吹打和寒冷天气的侵蚀，更要忍受长时间的缺水的状况。老驼夫所说的"连二、连三"，指连着两站或三站没有可供人畜饮用的水源，有时甚至有"连七"的情况。这种干旱缺水的自然环境并不适合牛马这样的牲畜，同时行走的路程很长，牛马的蹄不适合长途跋涉。据记载，乾隆年间使用牛马驮运粮食时，"这些牲畜由内蒙古解至肃州时，往往已经疲瘦不堪。比如乾隆二十三年从伊克昭、西林果儿、乌兰察普等盟解到甘肃的马匹，23772匹中，'五分膘马四十八匹，四分膘马三百五十八匹，三分膘马七百四十匹，二分膘马二千三百四匹，其余马二万二百六十九匹，橘皆疲瘦，全无膘分'"[1]。可见，对于在西北地区长途运输辎重来说，牛马等日常畜力运输并不合适。而且牛马等牲畜抵抗力较差，经常在运输途中大批死亡，"各有水土，离其所服，即易生病，且成群赶解，气息传染，辄多疫症"[2]。但是骆驼则完全能够适应这样的环境，耐旱的属性既可以克服干旱的自然环境的恶劣，又能够用它那厚实耐磨的驼掌完成长途旅行。荒漠草原上生长的植被多为抗旱、耐寒，叶小而少的小灌木，如梭梭、沙冬青、骆驼刺等，这些灌木通常带有刺，会伤及牛马的口腔，而且牛马对饲料的要求也更高，对于长途行走的商队来说，多带一斤货物就能多获一分利，因此携带大量的牛马饲料对他们来说是不现实的。骆驼则不同，"骆驼具有一般牲畜所不具有的特殊生物学特征。特殊的口腔和唇部，可以采食一些坚硬并带有针刺的灌木，为其他牲畜所不及"[3]。因此，骆驼不仅可以吃草，也能够使用沿途的小灌木、芦苇果腹。骆驼比牛马等牲畜性情温顺，温顺的骆驼也让它成为驼夫在孤独旅途上难得的慰藉，他们称呼骆驼为"哑巴儿子"。骆驼，这高大坚韧的动物，有着如此晶莹明澈的眼睛。它们注视前方时，眼神坚定刚毅，而

---

1 叶显恩主编《清代区域社会经济研究》，中华书局，1992，第744页。按：疑数据有误。
2 转引叶显恩主编《清代区域社会经济研究》，中华书局，1992，第744页。
3 王建革：《农牧生态与传统蒙古社会》，山东人民出版社，2006，第159页。

凝视人类时，充满柔情和温暖，让人不由得感动。驼夫们对他们的"哑巴儿子"呵护备至，体贴入微，粗料之外，还要添加细料，双手捧着喂。缺水的路段，驼夫们宁可自己少喝两口水，也不让骆驼渴着。漫长的旅途中，驼夫时常跟骆驼说着话，边走边说，骆驼认真地听着，有时也会点点头，看看喋喋不休的主人。就这样，驼夫和骆驼走过了千山万水，越过了沙漠和草原……

骆驼在准噶尔部噶尔丹的眼中，不仅仅作为骑乘、运输工具，还作为两军对阵的工事。用骆驼的血肉之躯做成两军对阵的工事，是准噶尔部首领的别出心裁的发明。

清朝康熙年间，在西域，以伊犁为中心的准噶尔部首领噶尔丹，在控制天山南北之后，野心勃勃，基于他们的生性特点，好斗、掠夺、善打，不断地对外扩张领地，主动开始对蒙古诸部落发动战争，妄图夺取北京，饮马黄河。他们的铁骑从西向东，攻到了呼伦贝尔草原的乌兰布通。距北京不过300多公里，在那里与清军主力相遇。那时，清朝建立不久，康熙皇帝原本就是个勇猛之人。大清没有长城，所以就没想打防御战，康熙帝御驾亲征，带着中原部队、索伦人、东蒙古诸部，在现在的蒙古乌兰巴托跟准噶尔开战了。这一仗打得惨不忍睹。

噶尔丹见四野茫茫，地形地势无险可依，便下令部众将所有的骆驼拉来，首尾相接，围成一个大圈，就地卧倒，把它们的四蹄捆绑起来使之不能动弹。然后将所有毡、毯、皮子等物覆盖在骆驼身上，再浇上些水，以抵御清军的攻击。这就是"驼城"。

果然清军长兵失灵，箭矢无效。而伏在"驼城"内的准噶尔军，凭借骆驼的保护却可以射杀清军。清军见势不妙，立即改变战术，将所有火铳兵调到一线，集中轰其一点。一声令下，枪炮齐发，声震天地。骆驼毕竟是活的有血有肉的生命，哪怕被困住了四蹄，也被吓得乱蹦乱跳乱滚乱窜，"驼城"顷刻瓦解，清军乘机攻入，噶尔丹大败而逃。骆驼成了清军的俘虏，噶尔丹战败撤回。

然而考古发现，从吐鲁番古墓中出土的唐代牵驼人俑，塑造的是驱驰于丝绸古道上的一位英俊潇洒的青年，深目高鼻，头戴尖顶毡帽，气宇轩昂，双眼炯炯，牵着一峰高大的骆驼。出土时拴在骆驼鼻子上的缰绳还牢牢地握在他的手里生动地表明，早在1300多年前，这种动物就是被人牵着鼻子走的。另一件出土的汉代骆驼鼻栓，则确证新疆驯服骆驼的时间至少已有2000年以上。

骆驼被称为沙漠之舟，是丝绸古道上负重致远的主力。为了驯服它，西域人可能绑过它的头，捆过它的嘴，拴过它的脖颈。然而，它的力气实在太大了，只要一发怒，任何人都整治不住它。后来，人们发明了一种以小制大的简单办法，就是用一根指头大小的带叉木棒儿，从它两个鼻孔之间的鼻膈中穿过去，再用绳系住。只要牵紧绳子，这个庞然大物就会乖乖地由人摆布。不过，出土的鼻栓早已经过了改进。它的形状很像一颗圆头大钉，钉的尖端穿过鼻子，钉的头部卡住鼻子而又不会弄伤鼻子，比木叉儿强多了。

记得，在斯文·赫定的《亚洲腹地探险八年1927—1935》里，看到过骆驼发怒的场景。"……这群骆驼整整7个星期什么活也没

图10　彩绘双峰驼。新疆维吾尔自治区博物馆藏

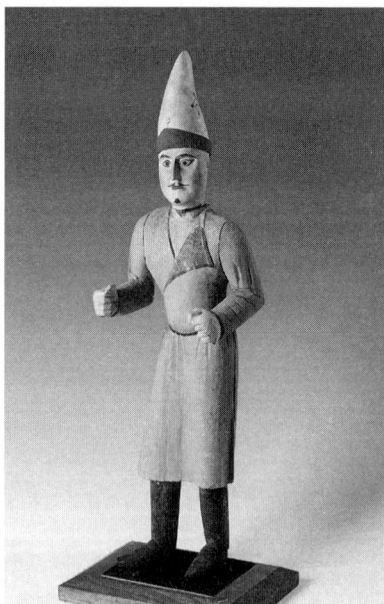

图11　牵驼俑。新疆维吾尔自治区博物馆藏

干，整天就是吃草长膘，一个个都变得精力充沛，难以驾驭。骆驼都显得极不耐烦，并伺机骚动。……队伍尾部一个狡猾的家伙弄松了驮着的行李，突然窜进了前边的同伴堆里。它跑得越来越快，背上的箱子颠得叮当作响。显然是受到了声音的惊吓，它更猛烈地蹿跳着。离着它最近的几个家伙也跟着惊了，接着又传到整个驼群。……它们东冲西撞，强健的骆驼看上去就像游动的火焰。时而传来刺耳的冲撞声和撕裂声，就像建筑物倒塌。……结果150峰骆驼跑得只剩下13峰，余下的就像一阵风似的不见了。有个大家伙背上还驮着两口大箱子，足有220公斤重。箱子搭在它脊梁两边，看上去它像是只羚羊。""……其中一个家伙是这次暴动的头子，4个壮健的蒙古汉子费了好大劲才治住它，给它鼻子穿了一条绳子。这家伙就是不愿意卧下，于是几个伙计用一根绳子套住它的一条前腿，再把绳子从它的两个峰之间勒过去，然后几个人用全身力气拉这根绳子，想让这野家伙弯腿跪在地上。终于，它跪了下去，但忽然又用后腿之着站了起来，还不住地尥着蹶子，窜跳着，吼叫着，看上去令人心悸。"

丝绸古道上的驼商队、探险家的驼队踏着隐约的足迹走着……

荒凉、人烟稀少的古道上，每当无法确定前行道路的取向时，那一串串的骆驼骨架，就充当了路标。

第二章 亚洲腹地隐没的路径

第一节 草地上、驼道上的驼客

古城奇台与归化城之间有着千丝万缕的历史关系，两地距离遥远，可彼此的往来却比任何地方都多，也就不觉得远了。两地之间有多条道路相连，但在古城和归化城中的老驼户的记忆中，最难忘的是"大草地"和"小草地"，这两条驼道，无论哪一条都有风险，最后它们在古城奇台会合。

离开奇台来到将军戈壁，远处蓝色的小山弯弯曲曲，沿着地平线逶迤而去。驼道已经看不到了，风沙吹走了骆驼的蹄印。草原上也看不到驼印了，被无数只骆驼绵软的蹄掌和马匹角质的蹄子踏倒踩碎的浓密的草，也都在无数的风霜雨雪中重新站立了，似乎原本就这样，从未有过驼队的经过。

一、行走在"大草地"商道上

奇台县北道桥有一位秀才赵憕，其曾祖父赵发，自山西来到归化，在归化城里的大盛魁商号里当驼夫，往来于太原、张家口、永德、北京、天津，远至乌兰巴托、银川等地。经多年的辛勤劳动，有了积蓄，买骆驼，自办货物，夹在驼队中买卖。商号有个规矩：驼夫在三年内，没有丢失骆驼货物和偷卖货物等事故差错，只要认真做事，便可允许兼带驼运。每连骆驼最多十八峰，拉满连的驼夫兼带驼限三峰。赵发年轻力壮，干活利索，常拉满连，绰号"十八峰"。他吃苦耐劳，为人厚道，乐帮助人。对骆驼饲养管理，鞍具维修，编织样样在行，被掌柜认定为"脚户头"，管理驼队运行等。他拉的骆驼多，兼带驼多，常年往返兼带如同滚雪球样，若干年的时间，他有了自己的近百峰骆驼，本可以另立门户，但他将全部骆驼入了股，当上了股东，带领大盛魁的驼队四处奔波，为商号谋财。

1840年以后，因恰克图市场衰落，大盛魁联合几家商号发起远征，要从草原上打通西域商贸驼道，几次出征都以失败告终。道光末年，赵发自告奋勇，愿亲自带驼队出发，商号议事同意。开辟新驼道，要经茫茫草原、戈壁沙漠，翻山越岭，几年回来说不定。虽说"大草地"这条道路，清代康雍乾平定准噶尔时期使用过，左宗棠收复新疆也使用过，但是这条道路隐没在茫茫草原的深草中，湮没在一望无际的戈壁沙漠和漫无边际的荒原上。这条通道时断时续，只有极少数富有牺牲精神和冒险精神的人，才敢于穿越。这次出行，大盛魁让有家眷的驼夫带上毡房与驼队同行，也就是家眷一同随行。摆香案，祭天地，行大礼，保佑驼队一路平安。赵发带领着一百多峰骆驼和另两家驼户掌柜，驮着布匹绸缎、鞋帽服装、陶瓷器皿、茶叶、干果、中成药材、酒类等，告别乡亲商号。向西一路前行，沿途与蒙古人交易，换羊绒、驼绒、牛马羊皮、羊毛等，用银制饰品交换，或用银子收购，一般畜产品、中药材原料用铜钱支付，收购一定数量，打包驮回归化，或存放在分号中，边做生意边寻查路线。初期大家都齐心合力，互相关照。生意不如意有了困难，就同路不同心。其中一户掌柜在沙俄商人的诱惑下，提价收购，用银子铜钱收购囤积产品，然后随俄商去贩卖。另一户掌柜货物被沙俄商人全部抬价收购，付高额的运费进入俄国。赵发带领大盛魁的驼队，继续坚持向西北方向行进，第二年来到乌里雅苏台，第三年到了哈尔乌苏湖附近的科布多。

驼队三年多来，经受千辛万苦，严冬冻伤人畜，酷暑患病者多，经常不能正常起场，草原上恶狼成群，趁机伤害牲畜，威胁人身安全。到了科布多，驼队的骆驼减少，货物也有损失，元气大伤。当时，科布多也有沙俄商队活动，他们受到沙俄商队的故意排挤、压价，一把铜制茶壶由原五张牛皮降为三张交换，一双皮靴由三张降为一张交易。大盛魁货物来源少，竞争不过，生意急转直下，勉强维持生活。沙俄商人还煽动当地人哄抢他们的骆驼、货物。驼队内部也发生了骚乱，单身汉也趁机偷马匹、骆驼、货物投奔沙俄。驼队里人心惶惶，驼夫思念家乡，眷属们每日哭闹着要回家。此时，又得知存放在乌里雅苏台的大宗货物失火，被人洗劫一空，驼夫们更是情绪低落、心情悲伤，驼队面临重重困境。赵发思量着返回山西，两手空空，不仅没赚到钱，还损失了半数骆驼，回去羞愧难言，怎么向各位掌柜交代。继续前进，货已寥寥无几，更不清楚行动的道路，苦于束手无策。经过痛苦的深思熟虑，赵发向驼夫们宣布驼队解体，各谋生计，愿留居在北套（科布多），愿回老家，或愿随沙俄商队自便，这是一种无可奈何的生存之举。对现有骆驼除去个人的兼带驼，伙计的工钱以骆驼作价替顶外，其剩余的低价变卖给大家，货物就地变卖。赵发给返回归化城的驼夫，每人捎带书信一封，拜托带回大盛魁商号，并要求如实反映驼队遭遇等情形，信中言明将他的股份全部作为赔偿款，在科布多卖出的骆驼、货款归他保管，待日后归还等。

赵发在科布多居住多年，做生意无货源，便饲养牲畜，开垦土地，种些农作物维持一家的生活，但想去西域繁华地的梦想始终没忘。赵发等人会蒙语，在与当地人交往中得知，西域富饶的地方在山的西面，那里汉人多，唐朝时期曾有个北庭都护府，是管辖西域的帅府之地，他想那里一定有谋生的出路，于是决定到北庭去。同乡伙计们（一户也没去沙俄）听说赵掌柜要西迁，除一田姓与蒙古族女子通婚外，其余九户都愿意同行。他不负众望，积极筹备，整理毡房，准备粮食，勘察道路等，十户人家于咸丰初年，翻过阿尔泰山。由于地理位置不清，认为北庭在北面，误向北走到了哈拉通古（青河地带），后在乌伦古河流域过游牧生活，那里居住的主要是蒙古族人，听说他们是从北套来的，便热情地接待和帮助。他们在此弄清了北庭在天山的北面，阿尔泰山的南面。又返回北塔山时，遇上了田姓同乡携妻儿寻找他们，便同行穿戈壁过沙漠，到奇台县的旱台子（旱沟），再向南到靖宁城（老奇台）一带。第二年为寻找北庭，无意中来到现在的北道桥。这里有一处残垣破壁，荒无人烟的古城堡，四周地势平坦，土地宽阔，水草丰富，林木茂盛，既有供开垦的土地，又是天然的好牧场。赵发放弃了去北庭的打算。1857年的春季，与落难的同乡落脚在这座破城的南面，从此，结束了几十年的驼夫生涯。在此后的日子里，得知这古老破城是唐朝的一座城堡，叫作"郝遮镇"。赵发等人居住后，这里叫破城子湾，又叫破城子圪垯，沿袭至今。

当年，定居北道桥的有六户人家，除赵发一家外，有冯刚的祖先，张和云的祖先，田功的祖先，王金帮的祖先（传宗四代无后人），方基琪的祖先（传宗四代无后人）。有两户单身汉当年经哈密、甘肃武威、宁夏银川去了归化城，其余之户到南山一带定居。

从科布多、古城回到归化的驼夫，不断将驼队的消息传递到商号，大盛魁得知赵发到了北庭附近的奇台县的古城一带，于是又组织远征驼队，筹备货物，由回去的驼夫引路。于1859年秋天，经乌里雅苏台直达奇台古城。赵发得知归化城的驼队来了，高兴地与同行者去寻找，在古城东面喇嘛湖梁见到了大盛魁的驼队。见到乡亲格外高兴，互诉衷肠。大盛魁大掌柜捎书信一封给赵发，赞扬赵发不辞千辛万苦，打通了西域草原驼道，为大盛魁立下汗马功劳等。赵发考虑携带家眷，不便再东奔西跑，愿意就地安居，复信婉言谢绝了大掌柜的深情厚爱。第二次驼队来古城，捎来了许多物资慰问，给赵发赠送骆驼30峰（含还股之意），让他在当地谋生立业。为报答掌柜的恩情，他进入沙漠，勘查驼道路线，引导驼队从北道桥过沙漠穿越将军戈壁、黄草湖进入北套草原，去乌里雅苏台，不再走旱沟子道路。从旱沟子出入奇台古城虽然路途短，但那里地势低洼，土壤盐碱重，地下水位高，骆驼行走不便。以后山西各家的驼队增多，都从北道桥通行。大盛魁的驼队，每年春秋季节来两次，在黄土梁、三屯湾坐场放场。赵发受大盛魁的委托，筹办囤积货物，处理一时没卖掉的物资，无形中他家成了大盛魁的栈房，货物多运力不足时，就启用自己的骆驼，随驼队运往乌里雅苏台和科布多，回来时驮运发往古城的物资，赵发还用牛皮缝制皮袋，箍制木桶装酒，做驼架，编榆条驮筐将零担杂货装在袋、桶里，驮运方便又安全，关系相当融洽。好景不长，同治年间动乱，刚兴起的草原驼道中断了，没及时离开古城的驼队，遭劫受难，驼夫四处逃奔，山西人王国定的祖先就逃难到北道桥定居下来。

赵发等六户人家，居住在破城子以南，开垦的土地因西地河水浇不上、碱渠（喇嘛湖梁）水不够用，又迁移到破城子以北开荒造田、耕占土地、饲养牲畜、营造家园。赵发家人口多、牲畜多、经济条件优越，光绪初期，在北道桥、下二屯、沙漠边缘耕占了大片的土地。破城子以南各家开垦的土地大部分荒废了。耕种的田地，到民国年间转让给后来的开垦者，今地名"小渠子"。赵发家族在这块黄土地上农耕畜牧，代代相传，历经沧桑，147年来繁衍生息，传宗九代，截至2003年清明节，人丁293口。[1]

赵憕是奇台县教育界的元老之一，在家乡传播文化，造福于桑梓。他一生饱经沧桑之变，经历了清朝、民国、新中国几个时期。他博闻强记，是奇台县宝贵的"活资料"，历史变迁的见证人。

图12　郝遮镇北道桥古城遗址全景。古城平面呈长方形，占地面积约26182平方米，分内外城，城南北长190米，东西宽165米。地面散见大型瓮、罐残片及红方砖残片

1　赵良华：《赵憕的祖先与草地驼道》，载政协奇台县委员会编印《奇台文史》（第14辑），内部资料，2015，第193页。

二、行走在"小草地"商道上的民勤驼客

1921年外蒙古发生事变后，改由经内蒙古草地至古城，相距2000公里，也称为"小草地"。

奇台县城北有一条街叫镇番街，城西有个很有名的巷子，就是镇番巷子。镇番巷子是甘肃民勤人对奇台的开发建设做出贡献的历史见证。"天下有镇番，镇番没天下"说的是，中国到处都有镇番人，但镇番很少有外地人，镇番就是民勤。奇台人口的根源，以民勤人最多。仅以桥子村八、九队为例，全村80多户，500多口人中，除了一家姓冯的为本地老户（其实也是在清代咸丰年间从甘肃永昌来的），还有几家是江苏支边青年，其余80%以上都是民勤人。[1]民勤，地处腾格里沙漠边缘，北有沙窝，南有祁连山，与奇台地形十分相似。民勤所在地区武威，是内地通向青藏高原、蒙古高原以及西域的重要区域，其交通地位历来被内地的茶商、盐商、皮毛商、百货杂商、牲口贩子看重，民勤自然就成为茶马互市的重要"站头"。那时，民勤所在之地水草丰美，周边不远处分布着沙漠。这种生态环境很适合骆驼生存，因此骆驼饲养也很发达。明成祖时期，甚至在民勤地界上颁布了鼓励养殖骆驼的政府例令，这使得民勤的骆驼养殖成为地方的传统生计。明朝以后，随着河西民户的大量进入，农田的过渡开垦使

1　马振国：《陪访北道桥的民勤老乡》，载政协奇台县委员会编印《奇台文史》（第21辑），内部资料，2015，第176页。

土地沙漠化加剧。位于石羊河下游的民勤处于巴丹吉林沙漠和腾格里沙漠的包围之中，骆驼的交通价值在这里越发得到重视。到清朝时，中等家境的百姓家中大多有骆驼，遇到灾年就靠骆驼运输维持生计。因此民勤一直流传着"读诗书能走天下，养骆驼可度荒年"的老话。

清朝平定准噶尔战争以后，从中原经由河西到达边疆地区的商路主要有两条，一是经过河西走廊，过星星峡到新疆，称之为甘凉大道；另一是经河西走廊东端沿石羊河而下走阿拉善高原，往西过额济纳到新疆，往东到绥远、包头、张家口直至京津，称为北道。民勤—武威一线正好处在两条大道的交会之处。陕西的茶商马合盛就是在民勤兴盛起来的，他认为民勤的交通运输便利和适合养骆驼，便将家眷搬到民勤，安心在民勤做生意。马合盛有自己的驼队，而他的驼队曾多次参与"平叛"，并"救驾"有功，朝廷为昭示其忠义，封"永盛号"马家为"护国员外郎"，并授予其西北五省的茶叶专营权。军政匪盗、平民百姓，无论谁遇见了"永盛号"马家的驼队，都要礼让三分。

民勤的驼把式们正是借助内地与边疆之间的贸易活动，将"民勤帮"的名声带到了绿洲、草原和雪山之间，也将蒙古、藏、回、汉等民族的文化气质凝结到自己身上，带到了河西的生活中。

民勤有一位河西驼道上最后的骆驼客，年近百岁的孙得正老人，喜欢讲骆驼，喜欢讲拉骆驼的故事，喜欢讲包绥大路，喜欢讲迪化口外，喜欢讲陕西泾阳马合盛的茶，喜欢讲雅布赖王爷府的盐……他忘情讲述的时候，旁人无法插话。从他记忆里喷薄而出的，似乎并不是几十年前的过往，而是散落在空旷寂寥的戈壁滩上无法数清的骆驼"把子"，它们瞬间聚到一起，熙熙攘攘，迎面而来……

清朝和民国时期，大量的民勤人，从小就去外地放骆驼、拉骆驼，很多人就因为拉骆驼而留居在新疆、内蒙古、宁夏、青海等地。回到民勤的老驼客们，生活中也往往沉淀着驼道上的多元文化的印记。孙得正家里有各种稀奇古怪的东西，他喜欢吃"棋蛋子"（一种蒙古族油炸食品），他讲故事时不时冒出几句蒙古话或回族语言，他讲述的驼道岁月充满了多元文化的交织和融合。

孙得正长到13岁时，就去了北山给汉人东家放羊、放骆驼，北山在民勤与阿拉善交界处，所以，有时也给蒙古族牧户放羊，北山的民勤人和阿拉善蒙古人放羊放骆驼常常在一起搭伙，在密切往来中，民勤牧民多受蒙古族文化的影响，很多人兼通汉蒙双语。在北山放牧的日子里，孙得正学会了蒙语，也熟悉了蒙古人的习俗。16岁时，他被民勤的严家商号看中，先给商号放骆驼，后来又拉骆驼，成了驼把式的助手。严家商号有"大帮响铃"，也就是大商号的大帮驼队，几百峰骆驼的驼队。驼队起场，他就给"链子"打下手，琢磨着"链子"拉骆驼、装货卸货的本领；驼队放场，他就拉骆驼进山放牧。经过长时间的操作和学习，18岁那年，孙得正正式出师，开始独立拉骆驼，成为受雇于严家商号的驼把式。严家是民勤人，商号开在大靖（今古浪县内）。大靖，今天看起来只是长城脚下一个普通小镇。但当年却是个商旅云集、店铺林立的富庶市镇，蒙藏回汉驼队云集，驼铃声昼夜不息。大靖是河西道上的枢纽，驼道四通八达。东去宁夏的驼道过永靖，走营盘水，到中卫、银川，沿贺兰山东侧北上包头、绥远。南下关陇的驼道，一条向东，沿泾河南下；一条直接从大靖出发，顺庄浪河而下到达兰州、河州等地。北上阿拉善的运盐道路主要通往雅布赖盐池或者吉兰泰盐池。而进新疆的道路大多走甘凉大道过星星峡，或者北上阿拉善经额济纳到巴里坤，过木垒、奇台，通往天山北部各地。

在大靖活动的骆驼队，蒙古帮、山西帮、绥远帮、回族帮各有各的习惯路线，也都因为语言、生活习惯的不同，在驼道上的行驶也不同。蒙古驼队和回族驼队习惯在太阳落山时上路，第二日天亮时卸垛子休息。民勤驼队则在早晨吃过"腰食"（一日两餐，上午9点左右的一餐称为"腰食"）后才出发，太阳落山时，到"站头"歇息。

驼队走长途运输时，一去就是半年，跋山涉水，艰险难测。因此驼队出发前，东家或掌柜子、驼把式一般要主持隆重的驼场起场仪式，主要祭祀对象为马王爷、土地爷、列祖列宗和驼神。清末民初时期的驼道上，兵乱匪患频发，甚至兵匪一家，商号的骆驼队在出发前，还必须给军队或寨头"上供"保护费才敢放心上路。

孙得正就这样跟随严家的驼队走南闯北，当上了驼把式之后，很快就成了驼队里的一把好手。先是跟着驼队走，后来带着驼队走。北线去过王爷府（今阿拉善左旗）、包头、绥远、张家口、北平和天津卫；向西去过西宁、玉门、哈密等地；南线走过河州、兰州，到达陕西、湖北等地。孙得正正式成为严家商号的驼队掌柜时，已经是一位经验丰富、有胆有识、能文能武的"老江湖"了。

一个合格的驼把式，不但要有很好的身体，还要掌握预测天气、寻找水源的本领，要有对沙尘暴等的应对能力以及与不同人群打交道的技巧。

驼队的行程安排是由水源的远近所决定的。以民勤城到新疆哈密为例，沿途分布着站点，站点之间相隔20到40公里不等。路上要经过三片戈壁滩，赶不到这些站点，或者迷失了方向，驼队就只能露宿野外。其实，幕天席地，恰是大帮响铃里骆驼客的生活常态。

那个时代，战事不断，匪祸连连。掌柜子、驼把式们不得不和政界、商界、土匪、军队有不同程度的交往，同样也必须理解许多族群的文化民俗。经常出入不同的文化情境，跨越地域、文化和社会的边界，他们具有混合的文化气质和丰富的社会阅历。有些驼队还承接一些官方委托的运输。民国时期，民勤商会的会长魏永堃，就曾受孙中山的委托，动用民勤驼队，将茶叶作为国礼送到苏联，还得到了列宁的接见。1950年，民勤的驼队参与护送班禅入藏，返回时，有不少人就留在青海放牧骆驼。

像孙得正一样的骆驼客们，一辈子和牲畜打交道，不会种地，后来，不拉骆驼了，就去放羊、牛、骆驼。[1]

1　孙明远、王卫东：《河西驼道最后的骆驼客》，《中国民族报》2018年3月23日第8版。

图13　在山中行进的驼队

　　拉骆驼所经过的地方大多是自然条件较为恶劣的无人之境，因而驼队须有序地组织起来才能抵御自然的侵害和人为的危机，所以无论是大商号的驼队，还是自发组织的小驼队，都按照"房—把—链"来计数，在此基础上组织自己的驼队。有序的数量划分有助于有条不紊地对骆驼及货物进行管理。

　　长途运输途中常常会遇到棘手的状况或危险，规模庞大的驼队一方面应对特殊情况的能力更强，配备的人员更全面，如医生、伙夫，即使有个别的骆驼或驼夫罹难也不影响整个队伍。另一方面，庞大的队伍可以震慑沿途的流寇土匪或野兽，因此远及俄罗斯国或蒙古、新疆地区的驼路必须百峰以上的驼队才能走，这也是归绥地区长途驼运往往被诸如大盛魁等大商号或大型驼店所独揽的原因。每一支驼队的最后一峰骆驼都会带一只大铜铃，形状像一只木桶，里面有一个木头芯，随着骆驼的步伐铜铃会发出"咚哒咚哒"的声音。在每一链骆驼中的第一峰骆驼脖子上也带着一个小铜铃，大小铜铃在驼队行进时发出清脆的声响，回荡在荒凉广袤的戈壁上。给骆驼带上铜铃首先是为了防止骆驼丢失，一旦铜铃声音变小或者消失，就提醒驼夫要检查队伍中的骆驼是否正常；铜铃有节奏的声音也使得骆驼跟着铜铃的节奏前行，保持整队骆驼一致的步伐，这样可以保证驼队能够按时完成一天的行程。回响在旷野上的驼铃声就这样陪伴着驼夫和他们的骆驼走完一程又一程。

事实上，驼道并非像那些志书上记载的那样，沿途经过的地方都十分固定或非常明确。在漫长的历史过程中，在异常复杂的政治和社会背景下，不堪赋税重负的商家在运输货物的过程中，为了躲避官方的税卡，往往要独辟新路而行。为此，他们常常是专门走那些人迹罕至的地方，浩瀚的沙漠、荒芜的戈壁、无水的草原和猛兽出没的崇山峻岭。这样的艰难环境造就了驼道的神秘，也造就了驼队的核心人物——领房人。

所谓领房人，不是任谁都可以胜任的职业，领房人必须是那些在驼道上跋涉多年积累了相当丰富经验的人才能担当得起。人品方面，必须是具有相当良好信誉的人，才有可能被聘用。一支驼队动辄数百峰甚至上千峰骆驼，所载货物少说也在几万两、几十万两白银的货值。不是业务十分过硬、口碑非常好的人，哪个货主敢把这担子交给他？同样的，不是有这本事的人，哪个又敢伸手接这担子？其实真正的驼道只存在于领房人的心里，而不是志书上。茫茫草原，广袤的荒原，漫漫旅途，日月被阴云遮盖，人踪兽迹被风沙、大雪掩埋。这种时候就连野兽和飞鸟也会迷失方向，长途跋涉的驼队该朝哪里前行？一旦迷路，整个驼队连人带驼不是被冻死就是被饿死，后果不堪设想。可以毫不夸张地说，在驼道上驼队的生死都掌握在领房人的手中。凭借着自己的经验和胆识，领房人能够在浓云密雾之中辨别方向，能够在大雪覆盖的草原上识得路径。他必须做到这一点，别无选择。为了缩短运货的时间，为了寻求便捷的路径，为了躲避官府的税卡，为了躲开强人的抢劫，商队往往要故意绕开水草丰美的草原和平坦好走的大道，而专拣那人迹罕见的沙漠戈壁，这样的通道的开辟常常是领房人付出鲜血和生命才能换取的。于是这些秘密的驼道只为领房人所独有。

奇台、民勤、归绥的驼队行走在驼道上，他们的故事，并不能像历史上的皇帝们及名流人物被人记载流传下来，他们的后人对他们的祖辈所做事情所知甚少。这些商人和驼夫大多是山西、河北、陕西、甘肃等内地人，他们中的一些人选择定居在迪化、奇台、青海、归化等西北地区。他们都是在十三四岁就离开家，到北方草原学做生意，放骆驼。他们的生命绝大部分历程是在这广袤的北方度过的。骑马骑骆驼习以为常，习惯了草原上、戈壁上粗粝的西北风，冬天的朔风酷雪。在寒冷的荒原夜晚，人们围着篝火半躺半仰在帐篷里，谈天说地。氽壶煨在火堆上滚着茶。无数个日日夜夜，他们与西北这片土地上的人们打交道，习惯了这里的人们的心理与思维方式，他们喝奶茶，讲蒙语、哈语、俄语。从东到西，从归化到古城，他们成了一种新的地方人群，早已不是原来的内地某个省的人，多元文化的人格，带着游牧民与农耕民的混合气息走南闯北，开阔眼界，他们神情自傲，自我感觉极好。这个庞大的群体是数以百万计的，他们大多数都在这块土地上永久的居留下来，生生不息，一代代繁衍。这些商人、驼夫构成了像奇台这样的城镇的主体，他们创造了边疆城市，边疆也培养了他们的精神和人格，这里早已成为他们难以割舍的故土了。

三、艰辛的骆驼

清末民初，古城和归化城成为当时的北方草原重要的货物集散地，商旅云集、店铺林立的富庶市镇，蒙回汉驼队云集，驼铃声昼夜不息。因此，古城的商业驼运运输十分发达。每天有数以千计的货物从这里出发，运往各地，还有各色的货物从内地运往古城，承担着运输工作的骆驼在城内随处可见，因此，"斯时骆驼阵阵，连云蔽野，殊为巨观"。一番情景在古城里上演着，"千峰骆驼走奇台，百辆大车进古城"颇为壮观。

民国初年是古城驼运业最为繁忙，也是古城骆驼最多的时期，约有一万峰。[1] 还有数以百计的驼工。驼工们每年春秋两季在掌柜和领房人的指挥下驮着货物向蒙古、归化及中亚地区出发。每

---

1 魏大林：《古城骆驼、骆驼夫、骆驼社》，载政协奇台县委员会编印《奇台文史》（第21辑），内部资料，2015，第178页。

天吃过"腰食"后，踏上征途，缓缓前进，长途跋涉。夜晚时他们到达领房人提前找好的水源地驻扎。卸下驼鞍放骆驼，准备晚饭，安排人轮流守夜，一整天几乎无法休息。他们经霜冒雪，忍受着严寒酷暑，在广袤的草原、戈壁荒原上用双脚一步一步地走出了一条条商贸之路——"长城—天山"驼道，漫长的岁月里，驼运几经兴衰，驼夫也在这起起伏伏中历经坎坷，接受苦难，甚至付出生命的代价。

图14 穿越荒漠的驼队 [1]

西北广大地区及蒙古高原自然条件恶劣，极端天气较多，且地形复杂多变，由古城向归绥去的驼路，要经过戈壁荒漠、高山大河、茫茫草原，因此驼队和驼夫最需要解决的是人畜的饮水问

---

1 斯文·赫定：《亚洲腹地探险八年1927—1935》，徐十周、王安洪、王安江译，新疆人民出版社，1992，插页。

题，驼队的行程是由水决定的。大多数是在有水的地方设站，但也有没水的站。有水的站，驼队可以得到休整补水。无水的站成为"干站"，有时连续几站无水，驼夫们就称之为"连几旱"。走"小草地"时经常遇到"连二""连三"的情况出现。有时没有人可饮水，有时没有骆驼可饮水，有时有水但是苦水。有的驼队会选择提前带几桶水以备不时之需，但是一支驼队可携带的水有限，过多的负重会给骆驼带来巨大的负担，并且也无法估计该带多少水合适，因此大多数驼队还是不会提前带水出发。遇到无水的情况时，人或骆驼只能在无水的条件下继续前行，忍受日晒和干渴。

多变的极端的天气对身处旷野的庞大的驼队是巨大的挑战。荒漠上时不时有大沙暴袭来，威胁到驼队。当行进的驼队看到远处地平线涌来灰黑色的巨大的沙尘时，他们知道沙暴袭来了。这时他们会迅速将自己链的骆驼赶到地势较低的小山包的背面，让骆驼卧下后，自己用皮衣包裹着身体蜷缩着躲在其中一只骆驼的肚子下，沙暴猛烈地席卷整片荒原，耳边尽是风声。大约十几分钟过去，风声渐渐小了，沙暴过去了。此时，骆驼大半都被沙土埋住，尽管已经尽力躲避，但驼夫的口耳眼鼻里还是充满了沙子。这些蜡黄的面孔上，唯一还活动着的就是那双眼睛。令他们担心痛心的是剧烈的沙暴可能会使货物损失，或将体弱的骆驼埋在沙子中，造成骆驼的伤亡。每到这时驼夫就不得不忍痛丢弃掉这些已经不能再随队前行的骆驼。一两峰骆驼的损失对大型的驼队影响较小，但对于小型驼队来说就是巨大的损失。所以在荒漠中行走对人畜都是相当严峻的考验。

荒原上的冬天对于驼夫来说是最难熬的，不仅要顶着严寒前行，遇到大风雪天气，掌柜和领房人都要先于驼队出发，提前约30里左右，领房人要选择一处下坡背风处扎营。因为第二天起风的时候，上坡处风会呛着骆驼使之无法站立。选好驻扎地后，每人拿一把耙子，用耙子把地上的积雪刮开，清理出一条干燥的仅供骆驼卧下休息的狭窄过道，因为骆驼休息只需要很窄的一条通道。冬季一般选在坡度比较大的背风处，且枯草、小树较多，这样可以避风。到了夏季，需要寻找地势较高的地方，因为夏季下雨后低洼地容易被泥石流冲走，造成人畜以及货物的损失。一支驼队有几十个人，上百峰骆驼和价值数千的货物，驼队在途中遇到任何恶劣天气都可能造成巨大的损失。所以，一支驼队要克服途中种种困难与危机，安全无虞地到达目的地，充满了艰辛。尽管拉骆驼是一项艰苦的工作，但是普通驼夫的收入并不十分丰厚，能够被允许自己携带一点私货的驼夫，获得额外的收益积累一些资本后，可以另立门户做生意。但对大多数驼夫来说，他们只能通过出卖苦力维持生计。

第二节　文化的传播与融合

一、文化的传播

古城奇台的历史实际上有着多彩的东西方文化的灿烂，在丝路古道上来来往往的人们，历来就是文化传播最活跃的主体，文化传播需要媒介，而这些来往的人们就是这文化传播的载体。人们不断地从先进发达的地区流动到相对落后不发达的地方，并通过文化传播带动那里的发展。对文化传播，起关键作用的往往是本身文化素质比较高，并且拥有政治、经济优势的迁徙者。他们到了迁入地后，有比较高的社会地位或经济实力，又有明确的目的，对文化传播起的作用就最大。在奇台的商业繁荣昌盛的历史上，出色的商人们起到主要作用。到了乾隆后期，奇台县城镇人口密集，货物品种繁多，商业已渐成规模，已属于天山北部地区非常兴盛的"大都会"。到了乾隆末期，奇台的商业规模在天山北部地区仅次于政治、军事中心的乌鲁木齐。

当一个地区，没有不同地域之间的相互沟通，没有不同民族之间的频繁交往，没有不同文明的碰撞，就没有文化、文明的传播和交流，许多古代文明虽然在各自的起源上凸显出其独立性，但如果要进一步发展延续，没有与他民族文化的广泛接触和相互影响是不可想象的。

古城奇台，这颗天山北麓的明珠，一块民风淳朴，民俗独特，景观迷人的风水宝地；一个历史悠久、物产丰饶、人才荟萃的地方。这片古老的大地上，曾燃起过敌寇入侵的烽火狼烟，曾驰骋过平叛大军的金戈铁马；曾飘扬过朝廷使臣的旌帜，曾留下过往商旅的驼铃声。更有无数朝廷命官和文人雅士，他们或随军西征，或谪戍边关，或沿古丝道旅游考察，西域的沙漠、戈壁、崇山峻岭、风霜雪雨，使他们开阔了眼界，激发起灵感，吟诗作赋，

图15 蒲类镇铁（唐代）。2005年奇台县博物馆唐朝
墩遗址附近居民征集

图16 兽面陶范，唐朝墩古城出
土。现收藏于奇台县博物馆

图17 残莲花纹铺地砖。1994
年奇台县东地七队唐疙瘩古城采
集。现收藏于呼图壁博物馆

以记事抒怀。最终形成了新的诗派，丰富了传统诗歌，这也是一种文化传播的方式。

唐朝著名文学家骆宾王当年到西域，走的是天山北路，当时已是深秋，诗人西出阳关，渡弱水，越天山来到古战场蒲类，面对阵阵寒风，屡屡烽烟，浮想联翩，挥毫写下了《晚度天山有怀京邑》诗。

> 忽上天山路，依然想物华。
>
> 云疑上苑叶，雪似御沟花。
>
> 行叹戎麾远，坐怜衣带赊。
>
> 交河浮绝塞，弱水浸流沙。
>
> 旅思徒漂梗，归期未及瓜。
>
> 宁知心断绝，夜夜泣胡笳。

岳钟琪文韬武略，战功显赫，不仅能征惯战，还工诗善对，是一员风雅儒将。他于戎马倥偬中，写下无数诗作。《军中杂咏》等七首诗，是岳钟琪在平定准噶尔叛乱时于军营中所作。岳钟琪的这些军旅诗作，令将士振奋，让敌猷胆寒，志吞万里，气壮山河。今日读来，仍倍感亲切。《军中杂咏》（二首）载：

> 列灶沙关外，营门淡晚烟。
>
> 月光斜照水，秋气远连山。
>
> 归雁穿云去，慈乌带子还。

征西诸将帅，转战又经年。

地在乾坤内，人居朔漠间。
日寒川上草，松冷雪中山。
铁骑嘶沙碛，金戈拥玉关。
楼兰诚狡黠，不灭不生还。

洪亮吉，嘉庆五年，因上书诉斥朝政遭贬，遣戍伊犁，不久赦返。每到一地，总要赋诗一首，真实记录了作者当时的心境与见闻。其《发大石头讯》载：

天山界画分半空，白雪自白云光红。
马蹄斜上雪飞尽，衣袂飘入云当中。
连峰中断邮亭坏，此是奇台镇西界。
平沙日午卷北风，数点牛羊落天外。

林则徐，文韬武略，为政清廉，是抗击英国侵略者的民族英雄，伟大的爱国主义者。林则徐当年被发配边关，取道天山北路去伊犁，有感而发。其《载书出关》载：

荷戈绝缴路迢迢，故纸差堪伴寂寥。
纵许三年生马角，也须千卷束牛腰。
疗饥字学神仙煮，下酒胸同块垒浇。
不改啸歌出金石，毡庐风雪夜萧萧。

而《塞外杂诗》载：

> 天山万笏耸琼瑶，道我西行伴寂寥。
>
> 我与山灵相对笑，满头晴雪共难消。

中国先民在这片丰腴的土地上生存、生产和生活，植根于这片土地并茁壮成长。中国古代对外的文化辐射包括一定的文化输出，主要是周边国家来学习的结果，他们将中华文化带回自己的国家。今天在中国各个地区内，文字、语言、观念、礼仪、文学、历史、哲学、艺术等主流文化没有太大的区别，地方特色主要反映在一些风俗习惯、民间文化、俗文化上，是由于星罗棋布分布在中华大地上的中华文明，反复汇聚与辐射，推动中华文明传播到各地，从而形成的格局。[1] 所以，今天的奇台有着丰富多彩的灿烂的文化，是世世代代居住在这里的人们，传承着并发扬着中华文明。中华文化不断更新，显示了强大的生命力，这就是我们中华文化自信的根由。

以前讲徽州为什么出商人，有一个说法是因为那个地方多山少地，光靠农业生产养不活那么多人，所以一部分人要外出经商。但是，山多地少只是徽商形成和长盛不衰的一个或然性条件，不是必然的，因为中国山多地少的地方很多，如果这个条件是必然

1　张践：《多元文明反复汇聚与辐射——中华文明的生成与传播特点》,《儒学评论》2019年第1期。

的，那应该各地都能形成发达的商业集团才是。实际上，多山少地只能说明农业生产缺乏土地，光靠本地的土地生产粮食养不活全部人口，但解决的途径不止一种，经商只是其中之一。山西也是山多地少，人们就出去做生意成为活跃在蒙古高原、新疆以及俄罗斯的晋商。同样地少人多的民勤人，成为商路上的驼商、驼客。

晋商的影响到了什么程度？清廷西征准噶尔，晋商范氏以皇商身份，承担清军的军事物资运输，前后两次捐输银406万两，运输粮食达百余万石，节省库银600万两，为清朝胜利进军西北，立下汗马功劳。清廷嘉奖范氏功绩，赐范毓宾"太仆寺卿，章服同二品"，其弟范毓奇则授千总，后擢升守备。清史打破常规，首次为商人——晋商范氏列传。[1] 乾隆时期，清廷又将哈萨克贸易委之于范氏后人范清洪、范清旷两人从事。万里茶路虽然已经湮没于历史的长河中，但是其本身蕴含的价值逐步显现。晋商为了茶叶的长途运输，发明了砖茶（这种砖茶，我们现在难以见到，我的一位同学在美国，在一次朋友聚会上见到展出的"赵李桥茶厂"的砖茶，非常漂亮）。这种砖茶是西域、中亚、俄罗斯地区人们离不开的茶叶。当时茶叶在欧洲也是一种时尚的饮料，欧洲人对茶很着迷，曾有人写了一首诗："茶，裨益我们的头我们的心；茶，几乎疗治每个部位；茶，令老迈者重新得力；茶，令冷寒者

---

1 赵尔巽等:《清史稿》第三百十七卷，中华书局，1997，第7267页。

小便得暖。"[1] 由于对茶叶的入迷，其对茶叶相匹配的陶瓷茶具也大感兴趣。陶瓷茶壶，在欧洲人眼里不仅是一种器物，而是一种文化象征物。当欧洲人拿起茶壶慢慢品尝其中的茶水时，是在体味一种中国的文化气息，这种气息所代表的是一种高雅、深邃，具有东方神秘感觉的心理体验。所以对于当时的欧洲人来讲，他们饮食的茶叶未必对身体有他们想象的那么多益处，他们使用的茶具又未必有多高的审美性，最重要的是它代表了一种引领潮流的时尚。

晋商不仅把茶叶带到了西域、中亚草原，带到了俄罗斯，同时也把华夏文化带到这些地方，把中原文化和当地文化融合了，一种多元文化就此产生，在蒙古草原、哈萨克草原、中亚草原广泛流传着。内地商人也习惯了大口喝酒，大块吃肉，习惯了西北风的凛冽，夏日里阳光下的一缕清风。有些晋商常年在外，或世代外出，有的就在外地定居，世世代代，生生不息，直至繁衍成为当地的名门望族。如前面讲过的赵憕家族。

清末民初，天山北部的内地商人时称有燕、晋、湘、鄂、豫、蜀、秦、陇八大帮。1917年9月，财政部特派员谢彬，途经古城，在他的《新疆游记》中记载，当时有晋津大商30余家，可惜未列名号。

1919年，林竞到新疆考察，他的记载中当时古城津商的商号和经营情况是："文义厚、春义和、义顺长三家，以上各家每年

1　罗伯特·芬雷:《青花瓷的故事:中国瓷的时代》，郑明萱译，海南出版社，2015，第148页。

贸易额在20万左右。文丰泰、义合永、德泰裕、瑞生津四家。以上各家每年贸易额在10万元左右。"[1] 商人们进入西域带来的不仅仅是商业的繁荣，也带来了不一样的文化，将华夏文化在此传播开来。

奇台博物馆有一件展品是奇台县出土的元代钧窑瓷碗，这只钧窑瓷碗还是被锔补的。"世间好物不坚牢，彩云易散琉璃脆"，瓷器也是如此，磕磕碰碰，出现破损，常让爱瓷之人痛心不已。中国有句古话，叫"没有金刚钻，别揽瓷器活"，说的是一门古老的民间手艺——"锔瓷"。就是把打碎的瓷器，用像订书钉一样的金属"锔子"修复起来，而且不能光补完就算，还得保证艺术的完整性。这是指尖锔艺，在瓷片上穿针引线，使得破损的瓷器拥有了延续。在宋朝名画《清明上河图》里，就可以看到街边"锔瓷"的场景。在古董圈里有一个特别著名的故事。南宋时期，日本有一位贵族叫平重盛，其向宁波阿育王寺捐献了黄金。作为回礼，阿育王寺回赠了龙泉窑的一件瓷碗，备受平重盛喜爱。后来到了室町年间，这个瓷碗被幕府大将军足利义政得到。可惜屡遭战乱，这个瓷碗出现了几道裂痕。足利义政派遣一位特使，携带瓷碗来到大明，希望成化帝能再赠送一件。可是龙泉窑经过时代变迁，已经烧不出同样釉色的瓷碗。成化帝便让御用锔瓷匠将此碗修复，带回日本去。这个瓷碗上锔了几颗豆钉，看起来形状有点像蚂蟥，于是日本人把这个瓷碗起名叫作"青瓷蚂蟥绊"，

1　戴良佐：《晋、津商人在古城》，载政协奇台县委员会编印《奇台文史》(1—12辑合编本)，内部资料，2015，第440页。

图18　钧窑瓷器（元代）。奇台县出土。《新疆出土文物》，1975年，图版201

图19　青花缠枝纹瓷盆（清道光年间）。奇台县博物馆征集

成了日本最著名的茶具之一。华夏的瓷文化也被传播到东亚。然而奇台的这件钧窑瓷碗，不知它的主人是谁，也不知它曾经有过怎样的历程，它跟随主人来到了古城奇台，承担着它的文化传播的使命。

在古老的商道上的贸易中不仅有茶叶、香料、丝绸，还有陶瓷贸易。但前者走的都是单向旅程，自东向西，最后的终点处被人消费使用而难以留下踪迹。只有瓷器，不仅历时长在，还被永远保存在博物馆和家族的传承中。由此，在文化相互影响上发挥着长久的核心作用。美国学者罗伯特·芬雷曾在他的书中写道："人类物质文化首度步向全球化，是在中国的主导下展开……在绝大部分的人类历史时光之中，中国的经济都为全世界最先进最发达。"[1] 中国人很勤劳还有着聪明才智。瓷器极易破碎受损，长途运输困难重重。明沈德符《万历野获编》卷三十《夷人市瓷器》就贡使运载所购瓷器回国有如下记载："余于京师，见北馆伴，馆夫装车，其高至三丈余，皆鞑靼、女真诸虏及天方诸国贡夷归装所载。他物不论，即以瓷器一项，多至数十车。余初怪其清脆，何以陆行万里？即细叩之，则初买时，每一器内纳沙土及豆麦少许，叠数十个，辄牢缚成一片，置之湿地，频洒以水。久之，则豆麦生芽，缠绕胶固，试投之荦确之地，不破损者，始以登车，临装驾时，又从车上掷下数番，其坚韧如故者，始载以往，其价

1　罗伯特·芬雷：《青花瓷的故事：中国瓷的时代》，郑明萱译，海南出版社，2015，第16页。

图20 景德镇青花瓷公道杯（明代）。1978年奇台县
水磨河墓葬出土。现收藏于奇台县博物馆

比常加十倍。"[1]

在奇台博物馆里还有青花缠枝瓷盆、青花带盖罐等，瓷器上的纹样已是循环连续的卷草纹，格式化的花卉，还有自由表现的莨苕、牡丹。这是伊斯兰文化与中国艺术、文化符号的流动及融合。瓷器用自己奢华而珍贵的艺术精神、文化思想及美学观念对西方文明巨大的冲击，并深刻影响西方人的生活方式及其文明程度。

中国古代瓷器精美而生动的空间造型、飘逸而神奇的图案叙事、丰富而鲜明的色彩构成、实用而唯美的价值形态皆是中国工匠文化与美学思想先天受欢迎的艺术特质。中国瓷器被世界人们

1　方李莉：《丝绸之路上的中国瓷器贸易与世界文明再生产》，《云南师范大学学报（哲学社会科学版）》2016年第4期。

消费、迷恋，它为世界人们的生活方式及其审美情趣增添"中国式优雅"或"中国情调"。这不仅是中国瓷器固有的美学特征及其身后的文化底蕴带给世界的惊喜，还是勤劳、手巧的中国工匠的集体智慧奉献给世界的文化瑰宝。

葡萄牙诗人斯卡尔隆（Scarron）写道：

> 请告诉我现在葡萄牙的售货亭，
> 至少我们会看到一些新奇的事物。
> 所有的财富都来自中国，
> 完美的瓷器是如此值得称赞和夸耀。[1]

总之，青花瓷艺的生产、发展和完善，是古代中外陶瓷文化交流中最辉煌的成果。中国瓷器这一火与土的艺术，在东西方交流中，不仅是物质层面的互通有无，更重要的是文化交流的载体。

商人沿丝绸之路自西向东或自东向西从事商业活动，他们所带的文化也在他们停留的地方生根发芽。黄心川认为："宗教的传播、交流一般是伴随着商品交换的活动而开展的。人类社会自有了商品交换关系以后，各种不同的民族和部落就开始进行比较广泛的接触，随着商品经济的发展，人们的活动范围和视野也开始不断扩大，宗教传播和文化交流是其中重要的方面。……联结欧亚两洲的丝绸之路是一条著名的商道，也是一条东西方宗教、文

1　苏沛权：《青花瓷与中外文化交流》，暨南大学博士论文，2005。

化传播交流的文化通道。"[1]内地商人们带着华夏文明的文化沿着商道扩展开来，一路来到古城奇台这座大商埠和商贸中转中心。所以商人是古老商路上传播华夏文化最主要的媒介。因为西域地区自然条件有限，恶劣的地形和干燥的气候阻碍了当地人们与外界的联系，在地理环境不发达的情况下，仅有的丝绸之路包括草原丝绸之路要道带来了外界丰富的物质文明和精神文化。加文·汉布里曾经这样说："中亚在人类历史上起了两种独特的、从某种意义上说是矛盾的作用。一方面，由于中亚大部分地区的干旱以及缺乏交通上的自然凭借（中亚多数大河都流入北冰洋）的结果，中亚的主要作用是隔开了其周围的中国、印度、伊朗、俄国等文明。但是，从另一方面讲，中亚的古代商路，也为中亚周围的诸文明提供了一条细弱，但又绵绵不绝的联系渠道。"[2]内地商人们对古城奇台的贡献有着深远的影响。

在这条古老的商路上行走的还有官吏、学者、名人、游客，他们曾经到过古城奇台，他们所写的著作中，记述了奇台的地理、历史、人文以及当时的经济、文化。不仅为后人留下考证资料，也让奇台城有了更加广泛的传播。奇台城治，"十六年始迁古城，奇台据此八十里，无水，隔戈壁，而田畴商贾皆在古城，一切不便，始迁此。县之精华在南、北两乡，人民殷富，不异中土。……古城在戈壁中，甘泉土厚，可居可耕者纵横一百余里，每年出小麦五万余石，繁盛为新省冠。而商贩畜牧之利，尚倍于耕。凡北

---

1 黄心川：《经济全球化与东西方宗教》，《世界宗教研究》2001年第4期。
2 加文·汉布里主编《中亚史纲要》，吴玉贵译，商务印书馆，1994，第7页。

草地关内运来各货，皆到此囤积。西北至塔城、伊犁，与俄交易，西南至喀什，与英交易。西至迪化，南至吐鲁番，皆由此分运。俄英洋货进口大宗亦集此，而后东嘉峪关，北至张家口，所以盛也。"[1] 裴景福不仅著有《河海昆仑录》，途经古城奇台时，留下诗作《古城道中》：

> 日纪星周不暂停，天旋地转走云辂。
> 沙围金满连硝白，山到渠犁带雪青。
> 宛马旅獒思驾驭，纥花回草亦芳馨。
> 从今省识西来意，肯向阇梨乞佛经。

古城奇台的富裕生活，在内地人听起来，就是天堂一般，于是结伴同行到那挣银子。奇台远离内地，中间有千里戈壁滩，寸草不生，百鸟不过，水源奇缺。大多数都是步行，骆驼、毛驴、牛马车是很少的交通工具。前往奇台去的人，背着一个"背架子"，里面盛着水、干粮和衣物等。从家走到嘉峪关，"出了嘉峪关，两眼泪不干，往前看，戈壁滩，往后看，鬼门关"。步行者终于战胜了风沙、酷寒、赤热、饥渴及疲劳，到达了哈密，算是捡了一条命。这就是山西人、陕西人、甘肃人"走西口"，与山东人"闯关东"，闽越人"下南洋"一样，都是为生活所迫，远走他乡谋生计。

"天下有民勤人，民勤没有天下人。"

---

1 裴景福：《河海昆仑录》，中国国际广播出版社，2016，第275—276页。

从清朝康熙年间起，民勤人口开始向新疆迁移，以求官、谋业、耕牧为目的，先后定居奇台、库车、乌鲁木齐等三十多个州县。也因种种原因，驼行半路而流落于张掖、安西、敦煌等地。民勤人口的大量迁出是在清末。1883年，全县人口发展到183131人，当时的条件已无法承受人口增长的需求，水源减少，河流退缩，下游逐渐干枯，风沙与干旱，严重影响到农业生产，人口外迁的趋向是，远去新疆，近走河套。到1917年，全县人口成为124631人。[1]

奇台有相当大的一部分居民是民勤人。民勤人之所以愿意移居奇台，一是奇台地广人稀，是有名的产粮区，奇台的小麦品质上乘，面粉白而筋骨好，拉条子细，刀把子大，吃食比较风光。二是奇台水资源丰富，山上有几条有名的大河，下五渠有几条泉水河，地下水丰富，桥子一带还能引出自流井来，这样好的地方，是种庄稼人首选之地。三是奇台的烧头好，北山煤窑有丰富的大煤，南山有茂密的森林，北沙窝有广袤的灌木林，梭梭、红柳、胡杨，比起内地家里烧麦根子，烧羊粪蛋子，生活生产条件好多了。[2] 这些民勤人就是带着投奔天堂的美梦来到奇台的。通过辛勤劳动，很快便扎下了根，家境日丰，如今传至二、三代都是富裕户。民勤传统文化气息优厚，有很多来自民勤的老先生，满口"之乎者也"，民勤人还重书法，重视儿童从小练习毛笔字，因而，

1　李万禄：《从谱牒记载看明清两代民勤县的移民屯田》，《档案》1987年第3期。
2　马振国：《陪访北道桥的民勤老乡》，载政协奇台县委员会编印《奇台文史》(第21辑)，内部资料，2015，第176页。

随着民勤人的来到，中原文化也被带到这里，并传播开来。

在生产力和交通运输能力都还很落后的古代，世界上各大文化区域之间，人员和生活必需物资的交流是非常少的，基本上都是独立发展的。正如恩格斯所总结的：马克思发现了人类历史的发展规律，即历来为繁茂芜杂的意识形态所掩盖着的一个简单事实：人们首先必须吃、喝、住、穿，然后才能从事政治、科学、艺术、宗教等。所以这些文化都适应了各自的生产和生活方式，并无优劣可言。由于不存在交流和比较，也就谈不上哪个先进，哪种落后。

战乱之后，天山北麓一带地广人稀，招募可耕之民，成为当时清政府实施的一项重要任务，汉族是以农业生产为主的民族，而当地又缺少可进行农业生产的汉人，清朝政府决定从内地招募大量可耕之民来新疆，对他们以官方资送、租给农具、划拨土地、提供籽种口粮等多种优惠政策，鼓励内地无地和少地的农民迁来从事屯垦，因此吸引大批民户来到新疆。他们本身就是中华文化的传带者，带来了先进的农业生产技术。当然，还有佣工艺业之人和部分商贩进入奇台，这时期，奇台地区的人口急剧增加，带给奇台快速发展的机遇。奇台之所以从一个小城堡一跃成为全疆第二，仅次于迪化的跨区域的市场中心，一是地理位置的优越，二是有大量的人口迁居此地，其中商人占了很大的比例。商人是有经济实力的一群人，对推动奇台的发展起的作用很大。屯田将游牧区变成了农耕区，昌盛的屯田农业，使得城市稳定，人口大幅度增长，城市的繁荣吸引更多的人来新疆，那时是奇台的经济、文化发展的兴盛时期。

清代，新疆屯田与城镇市场的发展之间有这样的关系：第一，清代新疆的屯田是城镇市场发展的物质基础，通过屯田活动聚集了大量的人口，其所居住的屯堡、聚落经过一段时间的发展，逐渐演变成村落、集市和城镇，而其生产的产品很大一部分流通于市场，故而又促进了商品和城镇市场的发展活跃。所以，没有屯田活动，这些城镇的存在和发展是不可能的。第二，清代新疆屯田推动城镇功能的变化。如伊犁、乌鲁木齐、乌什等城镇起初是以军事功能为主要目的，但是随着屯田的开展和社会经济的发展，这些城镇的功能逐渐向以经济功能为主转变。塔尔巴哈台地处西北边陲，军事战略地位十分重要，它是一个消费型的城镇，绝大部分商品都是从各地贩运而来的。第三，"丝马贸易"和城镇经济的发展。清朝政府为了屯田活动的顺利进行，和很多外藩部落开展民族贸易，交换大量的马匹和牛羊。这种民族贸易除了有利于屯田的发展，对新疆各城镇经济和商业贸易的发展也有积极的意义。

雍正乾隆时期人口迅速增加，人地矛盾非常尖锐，失地少地的贫苦农民不断增加，粮食价格不断攀升，内地已经无荒可垦，迫使贫苦百姓前往他处谋食。这个时期，出现大规模的人口流动。中国历史上，大规模的人口迁徙的趋向，大都是南下，北方草原进入黄河流域，黄河流域进入长江流域。但是，清朝时期的大规模的人口流动，却是反向的——由内地向边疆地区流动。然而，新疆的自然条件是，地广人稀，绿洲地区水源丰沛，土地肥沃，是农耕民族眼中的良田沃土。由此拉开了清朝全面经营的序幕。

同一地区在特定时期内同时具备人口大量迁入与外流特征者较为少见。清代的奇台县则是人口迁入十分明显的地区，人口入迁的方向主要来自东、南、西三方面。东部迁入的是汉族、回族，南面迁入的是维吾尔族，而西面迁入的是哈萨克、蒙古族等。汉、回、维吾尔族是以农业为主的民族，他们迁入本地区，主要从事农业生产活动，迁入的目的地主要在平原地带、有河水或泉水的地方，土地都比较平坦。而哈萨克、蒙古族则以游牧业为主要的生产方式，他们主要分布在山区、平原下游，其居住地不太固定，过着春夏秋冬不断迁徙的游牧生活。

在清朝，国家对边疆开发建设中，国民无力进行大规模的开发投资，因此政府必须具有双重身份，既是边疆经济开发的行动管理者，又是边疆经济开发的重要投资者。中国边疆移民绝大部分是贫苦农民，所携资金往往是区区微数，甚至除自身劳动力以外一无所有。边疆地区，长期陷于停滞状态，生活水平低下。总之，资金稀缺是限制边疆开发的一大因素。中国清代移民边疆的主要目的是满足生存需要，因此，屯垦是开发、建设边疆的主要力量。人口、粮食、交通、燃料不仅是地区经济发展的必要条件，也是城市赖以生存的基础。这个时期基本解决了这几个问题，使古城奇台发展的基础得到了巩固。

二、草原丝绸之路上的古城

　　草原丝绸之路，指贯通欧亚大陆草原地带的交通线；绿洲丝绸之路（沙漠丝绸之路），指经过中亚沙漠地带中的绿洲的道路；海上丝绸之路，主要指经过东南亚、印度，到达波斯湾、红海的南海航线。草原丝绸之路更侧重于欧亚大陆北方草原地带，包括当时的元朝的中书省下辖腹地、辽阳、陕西、甘肃、岭北，钦察汗国、察合台汗国、窝阔台汗国的部分地区，也就是中国北方草原地带主要包括今内蒙古地区、新疆北部及其附近地区。草原丝绸之路最早也是最重要的国际商道，元代的草原丝绸之路是由蒙古西征时的行军路线固定下来的，从窝阔台汗时期形成规模庞大的驿路系统，并设立站赤以维护管理，东西方无论是官方还是民间的交往都是通过完善的驿路系统，草原丝绸之路的主要功能已是以进行东西方贸易为主。这时期，瓷器成为主要的输出物品。尤其是青花瓷的艺术风格，深受世界各国的喜爱和追捧。这些类银似玉的瓷器，不但成为生活用品，而且西方通过瓷器这一重要的文化标识了解了中国，认识了中国文化。

　　中国北方草原地带正好处于北纬39°—42°，是农业区和牧野区的自然分界线。植被类型主要有草甸草原、典型草原、荒漠草原、高寒草原等，其中典型草原是生态区域内最广袤的草原类型。总之，中国北方草原地带地理环境特点就是农牧结合带的草原地貌，这样的地理环境十分适宜畜牧业的发展。奇台县位于准

图21 吐虎玛克古城。奇台县吐虎玛克古城，近似方形，东城墙约北偏东
10°。北城墙西段全部缺失，其余墙体也有多处人为造成的缺口，面积约为
157625平方米。城内散布大量泥质灰陶、夹沙红陶、泥质红陶片，红陶占绝
大多数。陶器均为轮制，制作规整，陶质较硬，胎体有薄有厚。器型包括大
型缸、瓮、瓶、罐、盆、壶等，器型与奇台唐朝墩古城唐至宋辽时期遗物相似。
1972年吉木萨尔县北庭故城南墙根出土一枚唐印，上刻"蒲类州之印"五字。
可知659年（显庆四年），破西突厥后，唐朝曾经在沙陀部设置过蒲类州都督府，
可惜史书失载。蒲类州都督府故址无考，疑在奇台县吐虎玛克古城

噶尔盆地东南部，地处东经89°13′—91°22′，北纬43°25′—45°29′。
因此，奇台所处的地区很适合清代准噶尔部的生存发展，也很适
合现今的农业发展。游牧民族和农耕民族在这片草原地带共同生
活，交往频繁。历史上汉族、匈奴、鲜卑、突厥、回鹘、契丹、
党项、女真、蒙古等民族在这片土地上繁衍生息。

18世纪，奇台河西岸有一个小镇就是交易市场，汉人以粮食

与蒙古牧民在此互市，在一幅著名的地图上标注的名字是——Kirai（克塔衣），就是今天的老奇台。这张地图名为"雷纳特图"，目前珍藏于瑞典乌普萨拉大学图书馆，马大正先生于2001年5月率领一研究小组赴芬兰收集马达汉资料，并在瑞典的乌普萨拉大学图书馆，见到了"雷纳特图"的真迹。

"约翰·古斯塔夫·雷纳特是瑞典炮兵上尉，在瑞典国王卡尔二世与俄国彼得大帝对决的波尔塔瓦大战中被俘，时为1709年7月。随即雷纳特被俄军遣送至西伯利亚服苦役。大约在1717年，雷纳特又成了准噶尔汗国策妄阿拉布坦的俘虏。雷纳特在准噶尔汗国生活期间，因熟知铸炮技术，颇得策妄阿拉布坦、噶尔丹策零父子的信任和重用。雷纳特在准噶尔汗国生活了17年，于1734年才回到自己的祖国。回国时，据雷纳特本人声称，洪台吉（噶尔丹策零——引者）根据他的请求，于临别时将两幅事后被人们称为'雷纳特图'的地图赠给了他。雷纳特将之捐赠给乌普萨拉大学图书馆。……工作人员将两个长条形木盒放在铺着洁白桌布的大平台上，我终于亲睹了神往已久的两幅'雷纳特图'。……我毕竟看到了'雷纳特图'的真迹，而有此幸运的，在我中国的同行中，我是唯一的一个。"[1]

俄语"克塔衣"是契丹一词的对音，或是谐音。西辽在中亚统治虽然只有90多年，但它在丝绸之路上，把宋代先进的生产技术传到欧洲，对欧亚大陆产生广泛的影响。"契丹"一词成为

1　娜仁高娃、阿不都热西提·亚库甫编著《瑞典德国藏清末民初新疆的影像文献》，新疆人民出版总社、新疆人民卫生出版社，2016，第5—6页。

中亚各族对汉人或中国人的名称，并传到俄罗斯以及欧洲其他国家。奇台地区是西辽的东部边界，是汉人西迁的第一大站，有许多汉人聚居和其他民族杂居的村落。契丹族是北方少数民族中汉文化程度较高的民族，他们主操汉语，其他民族很难发现契丹人和汉人的区别。契丹族只占西辽人口的5%，汉人是西辽政权坚定的支持者，所以，其他民族把汉人也说成契丹人，把汉人集中居住的这条大河成为"奇台河"。从"契丹"到奇台河的演变大约经历了3个世纪。[1] 在草原丝绸之路上，通往中亚、西亚，奇台是必经之路。耶律大石大约于1130年假道回鹘，向西发展，先于叶密立（今新疆额敏）称帝[2]，最终在原喀喇汗王国驻地巴拉沙衮（今吉尔吉斯斯坦布拉纳古城，托克马克附近）建立政权，建都城，将城名改为"虎思斡耳朵"，契丹语意为坚城，史称"西辽"[3]。 西辽虽是契丹建立的少数民族政权，但在民族文化上已经高度中原化，耶律大石及其同僚已经成为中华文化的践行者，其在西域地区推行中原政治文化，保护和促进东西贸易往来，其境内有相当数量的汉人，汉语被定为官方语言，为中华器物制造技术、中华文化在西域地区的传播做出了巨大贡献，西辽政权的中华文化属

1　刘洁山：《老奇台史话》，载刘忠信主编《印象老奇台》，奇台县老奇台镇人民政府，2015，第3页。

2　深圳博物馆、内蒙古博物院编《契丹风韵——内蒙古辽代文物珍品展》，文物出版社，2011，第167页。

3　纪宗安：《耶律大石西行纪略》，《新疆大学学报（哲学社会科学版）》1987年第2期。

图22 西辽石垒，毛仁陶勒盖石垒遗址，木垒县大石头乡克孜勒加尔塔斯村北偏西20.3公里

图23 蒙古国鄂尔浑河附近西辽石城

图24　狩猎纹皮囊式银壶，现收藏于奇台县博物馆。马镫式壶源于契丹人，考古学家一般认为它是契丹文化的代表器物。这种仿制皮囊壶的形式，在辽金时代的古墓中常有发现。陕西历史博物馆有一件珍品——鎏金舞马衔杯纹皮囊式银壶，造型采用了我国北方游牧民族携带的皮囊和马镫的综合形状

性也有力地证明了其是中华政权的一脉。[1]

然而，在中亚古老的路线上每年都有数万头骆驼将织物从印度运到波斯。数量更多的牲畜被卖给来自波斯、中国和俄罗斯的商人，使得越来越多的财富流入中亚地区。像浩罕（今乌兹别克斯坦）这样的国家迅速繁荣起来，据记载，当时那里能够买到质量上佳的大黄、茶叶、瓷器和丝绸，而且价格低廉、货源充足。[2]大陆上的贸易信息，英国、法国、俄罗斯尤为关注。欧洲对亚洲的态度正逐渐强硬，他们不再将亚洲视为充满奇异植物和财富的仙境，而是一个和新世界一样软弱可欺的地方。

英国的东印度公司从一个在两块大陆间运输货物的贸易企业转变成了一股扩张势力。毒品交易和敲诈勒索进行得十分顺畅。印度种植园里的鸦片越种越多，它们为购买中国的丝绸、瓷器以及最重要的茶叶提供了资金。于是，中国的出口激增，官方数字显示，茶叶出口从1711年的14.2万磅增加到8年后的15万磅，其中还不包括走私的数量。与西方人对奢侈品的上瘾相对应的，是中国人对鸦片的上瘾。[3]

19世纪初，数十年来俄罗斯一直在推进它的边界，吞噬着中亚大草原上新的领土和新的人口。其东部和南部的草原上错落地

---

1 张先革、李朝红、潘志平：《西辽对中华文化在西域传播的作用》，《新疆大学学报（哲学·人文社会科学版）》2020年第2期。
2 彼得·弗兰科潘：《丝绸之路：一部全新的世界史》，邵旭东、孙芳译，浙江大学出版社，2016，第234页。
3 彼得·弗兰科潘：《丝绸之路：一部全新的世界史》，邵旭东、孙芳译，浙江大学出版社，2016，第236页。

分布着吉尔吉斯人、哈萨克人和卫拉特人等。亚历山大·鲍罗丁在他的交响诗《在中亚细亚草原上》中勾勒出大草原上商队连绵的远途贸易场景。陀思妥耶夫斯基在其作品中进一步提出，俄罗斯不仅应该涉足东方，而且还要拥抱它。19世纪末，他在一篇题为《对我们来说，亚洲是什么？》的著名短文中呼吁，俄罗斯必须从欧洲帝国主义的束缚中解放出来。他写道：在欧洲，我们是小丑和奴隶，但在亚洲"我们是主人"。[1]

1836—1837年，为了反对俄罗斯的统治，哈萨克草原爆发了大规模暴动，中断了俄罗斯与中亚和印度的贸易路线。到了19世纪60年代末，塔什干、撒马尔罕、布哈拉以及富饶的费尔干纳谷地中的绝大部分，都成了圣彼得堡的附庸地，并且最终都被沙俄帝国吞并。中亚大草原南部的更多疆域以及那些遍布亚洲心脏地带的绿洲，统统落入了俄罗斯的囊中。

俄罗斯的边界推进到了中国的边疆，俄国对新疆地区的觊觎由来已久，《尼布楚条约》《布连斯奇条约》《恰克图条约》没有抑制住俄国人的野心。第二次鸦片战争之后，又通过了《北京条约》《陆路通商章程》，获得了"两国边境贸易在百里之内，均不纳税""俄商小本营生，准许前往中国所属设官之蒙古各处及该官所属之各盟贸易，亦不纳税。其不设关至蒙古地方，如该商欲前往贸易，中国亦断不拦阻"等贸易特权。从而使内外蒙古和新疆厄鲁特蒙古地区，成为沙俄独占的无税贸易区。之后又通过了

---

1 彼得·弗兰科潘：《丝绸之路：一部全新的世界史》，邵旭东、孙芳译，浙江大学出版社，2016，第244页。

《改订陆路通商章程》，全面扩大俄商在中国的贸易侵略。俄商的资本势力控制了新疆等地区的商品贸易，最重要的商品茶叶被俄商所垄断，致使中国的官茶、民商的茶叶处于颓势。西伯利亚大铁路的建设以及与中国的连通，立即带来了俄国贸易的繁荣。1895—1914年，俄罗斯的贸易量几乎涨了三倍。横贯欧亚大陆全长7400余公里的钢铁大动脉，单是在长度上就打破了当时的世界纪录，属于前所未闻的壮举。俄国人不仅打破了英国人创造的纪录，1886年由英国人修筑的加拿大太平洋铁路4770公里。[1]并且，俄罗斯将商品通过陆路运往欧洲的新贸易线路的出现，将大大损害英国人的利益。

科学技术的发展，使整个世界在19世纪最后几十年间，就疯狂地向前推进。这个剧烈动荡的时代，一个各个方面都突飞猛进的时代，一个革命的时代，一个资本主义势力瓜分世界的时代。几乎所有的西方国家都不同程度地卷入到这场狂热的运动中去。唯独中国除外，这个世界上人口最多的国家，有着五千年文明历史的东方古国，孤独地守候在古老的土地上。在古老的规矩的桎梏下，整个国家宛如一潭死水。眼看着列强步步进逼，却无可奈何。只有哀叹，尚无还手之力。

1 邓九刚：《茶叶之路——欧亚商道兴衰三百年》，内蒙古人民出版社，2000，第260页。

第三章　荒原上崛起的城市

从历史和地理环境的角度看，历代用兵西域，后勤补给线都极为漫长。为解决这个问题，自西汉开始，在西域各地广泛进行屯田，并建城池作为定居点和军营，同时兼有行政中心的职能。统一初期新建的天山北部城市还是比较单一的军镇，作为防御工事和军事基地，为解决官兵的给养和各种军需物资，需要自给自足的屯田。这样，军镇就与农业并存于城镇，主要定居人口是军人，实行的是军事化管理。这样的城市商业色彩单薄，城市生活比较单调，建筑基本以衙署和营地为主，民用住宅和商业区不发达，也没有乡村。

天山北路的城镇发展模式是，城镇先于农村，城镇重于农村，而城镇更多地受到商业而不是农业的支撑。城镇显示自身的意义不在于规模，而在于功能。由于军队士兵们或多或少都要从事生产自给，军镇向民镇的转化，是普遍现象，许多军镇在转化开始以前便已多少具有了民镇的功能。

第一节　商路孕育的城镇

一、天山北部城市的崛起

人们自己创造了自己的历史，但是他们并不是随心所欲地创造，并不是在他们自己选定的条件下创造，而是在直接碰到的、既定的、从过去继承下来的条件下创造。（卡尔·马克思语）

自有人类历史以来，人类的文明发展就几乎离不开河流，逐河而居成了人类的生存本能和天性，事实上几乎所有的文明也都是在河的怀抱中诞生的。譬如，黄河、恒河、幼发拉底河、尼罗河，都曾孕育了人类最古老的文明，孕育了村庄和城镇。这些都被考古学家们证实了。但是，也有一些城镇并不是来源于河流，而是源自一条商路，与丝绸之路重叠的商路。

天山北部在地域上是指天山山脉以北的地区，奇台地区正处在天山北部和阿尔泰山脉以南地区。在中国境内的阿尔泰山属整个阿尔泰山脉的中段的南坡，南邻准噶尔盆地。奇台所处的地区正是属于欧亚大草原中段的阿尔泰山地区的南缘。这条狭长的草原地带上，在漫长的历史中，游牧文化也是逐步形成并占据主导地位，以欧亚大草原丝路为中心逐步形成了游牧经济圈。从黑海经中亚一直延伸至蒙古高原，这里的干草原是以放牧为生的游牧部落的游牧地，人们生活习惯以游牧为主，少有城郭建筑，草原深处没有城镇。

清代前期，该地区由准噶尔部控制。康熙年间，准噶尔部在噶尔丹的推动下在西北展开了大规模的兼并战争，先后吞并了内蒙古、漠北蒙古诸部，史称"兼并四部，蚕食邻封"[1]。至1685年，噶尔丹已完全控制了西北，并且，"威令至卫藏"[2]，随即向康熙帝提出"圣上君南方，我长北方"[3]的分裂要求。至此，双方关系破裂，清朝开始了一场历经康雍乾三朝的平叛战争。[4]

到清代的后期，在清朝五次入疆的战争中的交通线上，所筑留的军事要塞、堡垒、台站的基础上，天山北部的城镇体系逐渐形成。这时，从城镇的规模、类型、职能、作用等方面看，天山北部的城镇都超过了南疆的城镇，首次成为整个天山南北的军事、政治、经济、文化和交通的中心。

清军入疆征战，就食、屯垦、商务与武力同时并用，而内地商民的活跃则与边陲军兴密切相关。就在清军出师西征之时，内地的商贩以"赶大营"的形式，沿军事交通线跟从大军进入天山北路，成为这一地区商业活动的发端。

清统一后，乾隆帝认识到"新疆驻兵屯田，商贩流通所关最要"[5]。大力支持内地商贩来新疆经营商贸，"贸易一事，应听商民自便，未便官办勒派……若有愿往者，即办给照票，听其贸易"[6]。

---

1 温达撰辑《平定朔漠方略》卷2，四库全书本。
2 魏源：《圣武记》卷三《康熙亲征准噶尔记》，上海古籍出社，1995，第144页。
3 傅恒等：《平定准噶尔方略》正编卷二，台湾商务印书馆，1983，第11页。
4 龙小峰：《清中期至民国交通线的变化对奇台商业经济的影响》，《兰州学刊》2012年第4期。
5 《清高宗实录》卷610，乾隆二十五年四月己卯，中华书局，1986年影印本。
6 《清高宗实录》卷656，乾隆二十七年三月甲午，中华书局，1986年影印本。

政府为繁荣新疆经济而采取向内地广招商贾等措施，吸引了大批内地商民进入天山北麓地区。天山北路地区的商业从无到有，哈密、巴里坤、奇台、迪化等沿着入疆交通线分布开始发展起来，1770年，古城被开辟为农商集市。[1]古城奇台成为欧亚大商埠的脚步就此迈开。

尤其是清朝第五次入疆，由左宗棠督统的西征军收复新疆时，在古城奇台设立了司令部，军粮粮站，刘锦棠、金顺都在此地进行作战前的准备。这里云集了清军的军队，粮食、军火、军需物资以及运输队，随军而来的各种匠人、手工业者也落地于奇台。1872年，"知县郭凤贤系巴里坤镇西人，是时戎马仓皇，户众逃亡殆尽，兼之大兵云集，待食孔殷。郭凤贤召集流民，安插耕种，并发给牛、粮、种子，是秋收成丰稔，军民赖以相安"[2]。

天山北路地区在清统一后的"以北制南"的政策引导下，一座座新兴城市在天山北路的军事交通线上建立起来。大规模的民户屯垦实边的开发，使天山北路成为一个重要的农业区，与周边地区及内地开展的贸易，又刺激了天山北路的商业市场的形成。加强了城市的经济功能，这最终改变了"南重北轻"的天山南北城市分布格局。随着军镇、商业的格局改变，政治中心也移到天山北麓的迪化。

乾隆年间，天山北部城市等级主要是依照军政层级来划分

1　魏荃：《奇台县史的源流》，载政协奇台县委员会编印《奇台文史》（第1辑），内部资料，2015，第16页。
2　杨方炽：《奇台县乡土志》，马大正、黄国政、苏凤兰整理《新疆乡土志稿》，新疆人民出版社，2010，第32页。

的，体现出边疆城市体系的特点。在国家的行政驱动力下，天山北麓出现的两个城镇带：一是伊犁河谷的伊犁九城城镇带，以惠远城为中心城市。其他城镇大多规模比较小。二是乌鲁木齐城镇带，核心城市是巩宁城，城镇群包括镇西、古城、吉木萨尔、阜康、迪化、昌吉、绥来、精河等城镇。当时，清廷在天山北部地区有大量的驻军，常年驻军人数保持在四万人的规模。[1] 为建设军事基地和各级行政中心，乾隆年间出现一次大规模的城镇建设高潮。惠远等伊犁九城及巩宁、镇西、奇台的十余城相继建成。这些城镇大约分为三级，最大的城市是惠远城和巩宁城，它们规模一致，分别是伊犁将军和乌鲁木齐都统驻节之地。稍次是镇西城，它一度是乌鲁木齐总兵（后为巴里坤总兵）驻扎的军事重镇。绥定、迪化、会宁城规模大致相等，位居第三。绥定城为伊犁领队大臣驻地，迪化城为乌鲁木齐提督驻地，会宁城为巴里坤领队大臣驻地。奇台的级别在这些城市的级别之下。

西征道上一些地方因为交通战略位置突出，城镇很多因此兴盛起来，以奇台尤为突出。因清军入疆作战主要通过北、南两条军事路线得以实现。北路，从归化城到准噶尔主要辖地乌鲁木齐的路线，其大体走向是从京城出发入张家口，走归化城，经乌里雅苏台，入科布多，南下进古城奇台，西南行至乌鲁木齐。南路，从京城出来至肃州，抵嘉峪关，入哈密、巴里坤，经古城奇台至乌鲁木齐。

1　黄达远：《清代中期新疆北部城市崛起的动力机制探析》，《西域研究》2006年第2期。

在这一战事时期，京津归化商旅也远涉漠北草地经三塘湖而至镇西。另外，西北科布多、乌里雅苏台的货物也多在此销售，换回粮食、茶叶及日用品等物。到了清中期巴里坤则发展成天山北路百物辐辏的商贸中心，人口一度达到数万。[1]"其地四达，多重装富贾，珍异物聚，道光咸丰之间称极盛焉。"[2] 其富庶繁华不言而喻。而这期间的古城在战时只是军事交通线上的一个小城堡，直到1775年，才辟地筑城，曰孚远城（同年改名为靖远城），周四里。[3] 其境况与清代后期不可同日而语。

在天山东部地区，南路军台和北路营塘道平行，中隔天山，无官道可通。一些习惯行走小道的民间商人以七角井为起点，西行入天山峡间道直趋北路的色必口，以沟通哈密至古城间的交通，此俗称"小南路"，"……色必口，有腰站。由此分道：一东南行，三十里，头水驿，官店一，小店二，水微苦。自戈壁头至此，皆在乱山中行，颇苦崎岖。自此越天山。九十里，至鄯善七角井子，接由哈密晋省之南路"[4]。因商贾行旅都走小南路了，绕过了巴里坤直达古城奇台，巴里坤从此失去了昔日的繁荣，而古城奇台因小南路交通地位开始凸显。

归化货物多远涉蒙古草地而行，而蒙古草地是清代至民国时

1　龙小峰:《清中期至民国交通线的变化对奇台商业经济的影响》,《兰州学刊》2012年第4期。

2　宋伯鲁:《新疆建置志》卷2,《丛书集成续编》(第51册),上海书店,1994,第667页。

3　中国西北文献丛书编辑委员会编《乌鲁木齐政略·城池》,兰州古籍书店,1990年影印版。

4　谢彬著,杨镰、张颐青整理《新疆游记》,新疆人民出版社,1990,第233页。

期西域与内地贸易往来最为主要的交通线，其贸易额远超由陕甘经哈密进入西域的官道。[1] 天山东部交通地理改变的结果是巴里坤与古城交通地位的置换。原来经蒙古草地道来的归绥货物不再集中到镇西，而是转输到古城，其总量占到古城货物总量的十之六七，而巴里坤却成为商路上由此经过而不发生商业关系者。乌里雅苏台和科布多入疆的商路也不再延伸到巴里坤，直接在奇台换回粮食、茶叶等物。巴里坤、古城交通地位的置换与入疆商路的调整本身亦是商业贸易活动与交通体系发展相作用的结果，使得古城奇台从乾隆年间新疆统一后至咸丰末年发展繁荣起来。

在中国北方与俄罗斯接壤的地方有一个边疆小镇，就是恰克图——中俄贸易商业市场，漠北最为引人注目的繁荣兴盛的贸易区。但是恰克图市场因发生事件，被清政府宣布关闭，商人们被逼开辟新的商路，从归化城出发，过蒙古草原，到达乌里雅苏台、科布多，转南下至古城，也就是人们常说的"大草地"。

从主要城镇的地理位置可以看出清政府对军事重要性的考虑。这些城镇基本分布在当时的交通要道上，从乌鲁木齐、古城、吐鲁番、镇西府的位置可看出它们全都设在交通咽喉部位，而且互为犄角分布；而较小一点的城堡基本以它们为中心，同时不会偏离交通线太远成带状分布着。由于当时边疆初定，最重要的还是保障军事需要，这样的目的也就影响了当时对城镇的地理位置选择。

1　袁大化修，王树枬、王学曾等纂《新疆图志》卷二十九，上海古籍出版社，1992，第303—304页；卷八十三，第268页。

地域辽阔的西域，沙漠连绵，戈壁瀚海重重阻隔，行走运输绝非易事，交通不便，便是阻碍新疆经济贸易发展的一个重要因素。西域的管理和发展让历朝历代统治者都是费尽心血的，这片辽阔的疆域，守住它，发展它，最难的莫过于交通道路的通畅。清廷长期对西北用兵，对此更是深有体会。西域"深沟重堑，天险之国，不患其不能守，而患其不能通。通则富，不通则贫；通则强，不通则弱"[1]。而且交通网络的健全不只是给军事行动提供便利，在和平年代，它更是中央与边疆各地上情下达、下情上达及加强政治支配力的重要条件。台站道路又是商旅通道，这是民间的人口流动和商业贸易往来不可或缺的。所以，辟治交通，辟险通隘，随时修治道路，安设军台。"以北递送折报公文，并运送各项官物"[2]。清廷在统一新疆后，根据新疆驻兵、屯田的需要，对原有的军台营塘的布局进行了一些调整，进而设置驿站、卡伦体系，形成了一个贯通新疆与内地，连同天山南北"四通八达，棋布星罗"的交通网，覆盖全疆。

这些军台，既是通讯联络站，运输转运站，又兼有交通管理站的作用。对于促进新疆地区物资流通，货物运输，贸易往来，起到了极为重要的推动作用。此外，清廷不仅开通道路，还派人维修道路，使之进一步完善，保证了商路畅通。尽管面临着这么多的困难，但清朝政府仍然在不断地推进收复新疆，加速打造属

1　王树枬纂修，朱玉麒整理《新疆图志》，上海古籍出版社，2015，第1509页。
2　转引刘卓《新疆的内地商人研究——以晚清、民国为中心》，复旦大学博士论文，2006。

于自己的军队大道。左宗棠在西征收复新疆时，采取的修路措施是战前抢修、防护和战后驻兵护路。左宗棠西征，是从潼关开始的。那时，东南运来的军火、军装和军饷，大部分由潼关转口。所以，左宗棠筑路便从潼关开始，由东向西，横贯陕、甘两省。大军进入新疆，筑路也继续向西，北路一直到精河，南路一直到喀什噶尔。[1] 在收复新疆之后的数十年间，这条路线对陕、甘、新交通的畅达起着重要的作用。因而，后人将此路尊称为"左公大道"。

随着时间的推移，驿站、军台、营塘两旁成了人烟不断聚集之处，民户有的开办旅店，出售饮食，为行旅服务，有的则从事耕植，在当地定居，渐渐地形成了村落气象，田园风光。这在很大程度上方便了民间商旅，相对来说也比从前更有安全保障。1842年7月，林则徐自西安出发，11月抵达伊犁途中，多处见到民居、旅店与军台兵房参差并立。[2] 戈壁荒漠，道路险远，跋涉自然是艰辛，但比起往日，景象已是大为改观了。

同光年间更大规模的阿古柏战乱，给本地的城镇经济造成毁灭性打击。饱受战乱的西域，当时不仅是城池，而且整个西域的社会秩序已经完全破坏，清军重新统一后的今新疆已经是满目疮痍，是需要重新建设的一片焦土。同时，同光之乱也给今新疆地区和清政府造成了沉重的财政负担，从光绪元年正月初一到光

1　马啸：《左宗棠与西北公路建设》，《陇东学院学报（社会科学版）》2003年第2期。

2　林则徐：《荷戈纪程》，中国国际广播出版社，2016，第46页。

绪三年十二月底，共动用两千百六多万两白银之多。由于新疆初定，当时一切都在重建，屯户对各种灾害的自救能力还不足，政府便采取减免赋税，发给来垦屯户粮种，借贷银两以修建房屋、购买农具和牲畜，支持兴建水利设施等措施来鼓励复垦耕地。随着清政府在这些地区统治秩序的恢复，新一轮城镇兴建便大规模地开展起来。

建省后北疆地区城池兴废状况[1]

靖远城（奇台）	修复	周六百五十四丈（4.36里）		
古城	修复	周六百七十六丈（4.5里）	34处	10里—150里
古城（新满城）	修复	周八百零三丈（5.35里）		

天山北路东部，经过几十年的开垦，18世纪中叶以前，以游牧为主，至乾隆末年已成为新疆重要的农业区，并形成了村墟联络、人烟兴旺的人文景观。天山北路垦区发展迅速，形成了一个连绵不断的绿洲农业区。这个农业区的出现将农业民族活动的界线向西推进了数千里，形成了一个新的与游牧民族（以蒙古、哈萨克、布鲁特为主）贸易的市场，出现了以古城为中心的跨区民族经济市场。

1　中国西北文献丛书编辑委员会编《新疆四道志》，兰州古籍书店，1990年影印版。

二、天山脚下的古城

处于新疆天山北麓的古城奇台，南倚博格达山，北靠阿尔泰山脉，西北俯临古尔班通古特大沙漠，是环沙漠边缘的一个城镇。历史上曾有无数的大小部落族群在此生息，曾是北方牧民繁衍牛羊驼马的无垠草原，也曾是中原民族和草原民族东西交锋的惨烈战场，它是中央政权设置郡县开垦屯田的疆土。城市文明在这里兴起又覆亡，居息在此的各方族群繁衍生息又流失云散。奇台，是乾隆以后天山北麓兴起的重要城镇，在清初这里是准噶尔部的游牧地。1773年清政府在奇台堡置奇台县，县治于奇台河西岸一个小镇（现在的老奇台），1776年定名为靖宁城。1883年，奇台知县甘承谟奏将奇台县治改建古城。之后新疆首任巡抚刘锦棠又奏呈朝廷，将县治移至古城。"光绪十五年（1889），知县典史一并移至古城，巡检移至奇台。"[1]"奇台"的名字也随着县治迁移而带走了，奇台成了老奇台，古城成了新奇台。县名仍为奇台，但人们仍习惯称之为古城。

1759年，始建奇台堡，常年屯兵垦田，农业有了较大的发展。军粮贮运与农贸交易也随之兴旺起来。在唐朝遗址蒲类城近处自然兴起一个农商集市，因唐朝遗址的四周，有着平坦开阔的地形，水草丰沛的草场，阡陌相连。1780年，乌鲁木齐督统索诺木策凌

1　刘洁山：《老奇台史话》，载刘忠信主编《印象老奇台》，奇台县老奇台镇人民政府，2015，第1页。

图25　今奇台县水磨河西岸唐朝墩古城。唐长安二年所建北庭都护府治下蒲类镇故址，位于奇台县城东北角，形状略呈方形，南北长约490米，东西宽约315米，面积约为154350平方米。城之内散布夹砂粗灰陶、泥质灰陶、夹砂红陶残片，器型有罐、壶、缸、瓮等大型器，以前也曾出土过红陶盆、灰陶瓮、开元通宝等器物。根据碳十四测年的数据与考古发掘地层的出土文物来判断，该城址包括了唐代、高昌回鹘、西辽和元朝时期四个不同年代的地层堆积

奏："古城地方，距奇台县90里，为乌里雅苏台、巴里坤、伊犁等处往来要冲，应设理事通判。"虽然此请奏未获准，但古城已发展成为辐辏如织，商旅如流的熙攘市镇。[1] 其商业活动以古城为中心而闻名西北，奇台商业所指主要是古城商业。古城成为丝路北道的经济中心——大商埠。清代在西域地区采取的种种治理

1　张兆荣：《奇台县概述》，潘生栋主编、政协奇台县委员会编印《奇台文史专辑》，2014，第9页。

措施，后来都成为古城奇台经济得以发展的背景条件，使之成为中外的贸易中转中心，丝路古道上最重要的商埠，沟通着中原地区与中亚、西亚、南亚的商业交流，是连接着中俄等贸易通道上的重要市场。不仅如此，古城地区还承担着重要的政治和军事职能。1775年，为了驻军，需要新建城堡满城——靖远城，驻扎由巴里坤移来的八旗军，仍归巴里坤总兵节制。

1875年之前，因战争切断了内地商人来西域的通道，商旅裹足，西域与内地的商业贸易几乎断绝。好在1875年左宗棠率军西征，内地商人"随军贸易"，可以说在为收复新疆出力的同时，也开始恢复内地与新疆的商贸关系。在清代，商人随军贸易由来已久。因而左宗棠率军出关时，也招商随军。而且这在当时也是一件双赢的事，因为西征行军路途漫漫几千里之遥，军需供应困难，确实需要有人提供服务，于是就有了"赶大营"。这些商人，备置一些日常杂货和常用成药，挑着货郎担，跟在军队后边，一边前进，一边售货。到新疆战乱平息，天山南北实现统一后，清政府实行屯垦实边的政策，除招募拓荒者大力发展屯垦外，还广招商贾，恢复经济，同时积极扶植和发展商业。自此，"关内汉、回携眷来新就食、承垦、佣工、经商者，络绎不绝"[1]。随着商业的发展，逐步地天山北路上的一些城镇也得以发展。

奇台的发展得益于交通情况的改变，以及内地商人的活动，它作为一座商业城市兴起。在光绪初年，左宗棠督办新疆军务

1　袁大化修，王树枏、王学曾等纂《新疆图志》卷一〇四，上海古籍出版社，1992，第1005页。

图26　奇台县城西南老满城（一）

图27　奇台县城西南老满城（二）

时，古城商贸就开始重新生机勃发。因为左宗棠设军府之地正是古城，也正是在此地就地采买军粮，聚集军需物资，并由此西进，收复新疆。前线军报亦经古城递送朝廷。[1] 此时，清军广招商贾，云集于此。古城成为左宗棠部的后勤供给地。战争结束之后，左宗棠又广招屯田，兴修水利，并规定地分三等，每亩征粮分别为7升、4升、3升。很多人亦商亦农，或亦商亦工。至光绪末年，清廷自收复新疆后就开始的全面恢复农业经济的活动，终于收到了一定效果。天山北部农业此时度过了凋敝、困窘的艰难时期。这时奇台的粮食不但能够自给，而且还有节余。1907年，自古城以西"田畴耕种极盛"。奇台"古城在戈壁中，泉甘土厚，可居可耕者众横一百余里，每年出小麦五万余石，繁盛为新省冠"[2]，并且外销量很大，"科布多、阿尔泰山、巴里坤一带，咸赖接济"[3]。古城此地是旱地，唯产豆、麦、糜谷及罂粟等类。小麦每年可产一万一二千石。豌豆每年约出一二千石。黄米每年约出三四百石。小米每年约出一二百石。烟土每年约出二十万两有奇。此外，奇台产药材，如枸杞、红花、紫草、贝母、阿魏等，仅枸杞每年约产五六千斤。奇台地处天山之北，气候寒冷，所产牲畜以羊为最多，骆驼次之，牛羊又次之，每年产羊皮八九千张，牛皮三四千张，羊毛四五万斤，驼毛一两万斤。奇台的深山穷谷人迹罕到之处，多有虎、豹、豺、狼、獐、狐、鹿及羚羊各兽。蒙

1　刘卓：《新疆的内地商人研究——以晚清、民国为中心》，复旦大学博士论文，2006。

2　裴景福：《河海昆仑录》，中国国际广播出版社，2016，第275页。

3　方希孟：《西征续录》，中国国际广播出版社，2016，第118页。

民猎取之后，每年可产鹿茸一百余架，麝香数十个，羚羊角一百余对，狐皮、狼皮各一百数十张。哈布塔克山（羊圈湾）有铅矿，拜达克山的金山沟及苏吉有黄、白金，红沙泉之老君庙一带有大煤、硫黄、硇砂、石膏等。并且奇台的农副加工业此时也发达起来了，本地销售：每年销售胡麻籽油二十余万斤。烧酒，每年出售六七万斤。甜酒（即黄米所造），每年销售五六千斤。麦面，每年销售十余万斤。烟煤，每年销售一百四五十万斤。销往外地：烧酒，由驼运至科布多及乌里雅苏台等处，每年销售约七八万斤。灰面，由驼运至科布多及乌里雅苏台等处，每年销售约五十余万斤。羚羊角销至内地每年约七八十对。鹿茸销至归化城及内地约八九十架。狐皮、狼皮由商人带自俄国销售，每年约六七十张。羊皮、驼皮，由车运至伊塔等处，每年销售约四五万斤。枸杞，销至归化城每年五千余斤。[1] 古城商业本来就是以农业为基础的，再配合以如此众多可资交换的商品，古城商业自然也就开始渐渐复苏。而且，到了1886年，古城对两座城进行了扩建，即兵营（新满城）、商民集市城（汉城，城郭5里）。1889年，奇台县治移住古城，于是，巴里坤、乌鲁木齐、吐鲁番三城的满族官兵及家眷，一并迁移入古城，古城一跃成为人口众多的一大都会（约1万余人）。另一说至清末，奇台已是2000余户，7000余口的大城镇，其中，外省人寄住户就达1759户，仅次于迪化，列全疆

1　杨方炽:《奇台县乡土志》，马大正、黄国政、苏凤兰整理《新疆乡土志稿》，新疆人民出版社，2010，第44—46页。

第二。[1] 到1917年前后，奇台城关居民约达1.1万余户。地位自然更加显赫，这本身也成为吸引更多商家的一个有利条件。更多出色的商人和能工巧匠来到这里，商机也自然更多，众多的人口同时又提供了更加广阔的市场。

另外非常重要的一点。古城奇台此时地理位置更加优越了，它本来就背依省城迪化，东至哈密入嘉峪关，东北至归化城，北至科布多、乌里雅苏台，西北至阿勒泰，为"五路要冲"。自巡抚刘锦棠修筑道路，设置邮驿亭障以后，当时"迪化不居要冲，惟古城绾毂其口，处四塞之地，其东自嘉峪关去哈密为一路，秦、陇、湘、鄂、豫、蜀商人多出焉……自古城分道西北往科布多，为通前后营路（即康熙年间用兵之北路），外蒙古人每岁一至秋籴麦谷，并输毛裘、皮革，易缯帛以归，又循天山而北为北路，取道绥来以达塔城、伊犁。循天山而南为南路，取道吐鲁番以达疏勒、和田。故古城商务于新疆为中枢，南北商货悉自此转输，廛市之盛，为边塞第一（昔年镇西一路，今已不当孔道，故百货皆聚在古城）。关内绸缎、茶、纸、瓷、漆、竹、木之器，逾陇阪而至，车马烦顿，厘税重困，商贩恒以为累，苦不偿其老费。是以燕、晋商人，多联结驼队（驼一头约负重280斤，雇价廉时一驼约16两，价昂时至二十七八两），从归化城，沿蒙古草地以趋古城，长途平坦，无盗贼之害，征榷之烦"[2]。故而"凡北草地关

1　潘志平：《清季新疆商业贸易》，《西域研究》1995年第3期。
2　袁大化修，王树枏、王学曾等纂《新疆图志》卷二十九，上海古籍出版社，1992，第299—300页。

内运来各货，皆到此囤积"[1]。同时成为新疆对蒙古商业上的贸易中心，进出口货物全体由此经过，奇台位于归化城的大道上。[2]

从归化城至古城的商道上，行走的不仅是军队、商队和对西域有着梦想的拓荒者的驼队，还有科学家们的驼队。1927年，一支由斯文·赫定和徐炳昶率领的具有空前规模的现代化科学考察团，离开北京，前往中国西北。在途中，科考团遇见不同样的驼队。在察罕布嘎逊遇到一支商队，斯文·赫定在《亚洲腹地探险八年1927—1935》中写道："这支驼队大约有1200峰骆驼和90多个人，他们从归化来，去巴里坤和古城……他们运的主要是布匹、茶叶、香烟和日用杂品。……这些远游的客商很吝啬休息时间，暴风雪都没能迫使他们停下，他们打算用一个月时间赶到古城。""他们一旦最终到达目的地，通常就把骆驼放养在牧场上直到秋天，到那时他们再带上新的货物踏上归程。不过，有时他们在休息两个月后就又启程回返了。在这两个月里，只要给骆驼喂些精饲料，它们就能肥壮起来。""这支大驼队真是壮观，比我们的队伍要大上10倍，光驼工数量就是我们的4倍，队里的一切都做得那么准确守时，井井有条，各种各样的工作在他们好像边聊边轻松地就干了。终于，他们的队伍又一支支踏上征程，消失在西边的天际。一切都进行的是那么有条不紊，这支大驼队组织得堪称典范。"斯文·赫定由衷称赞驼队的管理和驼工们的勤劳、守

1　裴景福:《河海昆仑录》，中国国际广播出版社，2016，第275页。
2　转引刘卓《新疆的内地商人研究——以晚清、民国为中心》，复旦大学博士论文，2006。

时的工作。[1]

在当时，作为对蒙古贸易的中心，奇台就是运往中国内地货物必经之地。所以到了民国初年，"盖古城商务，在地理上，不特为全省中心，且有绾毂新、阿、蒙三区之势矣"[2]。谢彬说：奇台"城池之大，商务之繁，皆可拟于省会"[3]。民国初年，在杨增新主政时代，奇台成为迪化和津京进行商业往来的枢纽，也是燕晋商人运货至迪化的必经之地。1917年前后，奇台的晋津大商就有三四十家，中小商铺则更多，岁输绸缎、茶叶、纸张、瓷器以及漆竹等总额达300余万元，占迪化贸易额的3/5。

当时，奇台商品贸易额岁在20万元左右的商号有津商3家：文义厚、春义和、义顺长；晋商4家：大顺玉、义成祥、天元成、永顺和；贸易额岁在10万元左右的商号有津商文丰泰、义合永、德泰裕、瑞生津，晋商福顺裕、日星功。天元成经营百货，在迪化、昌吉、阿克苏、阿尔泰等地都设有分号。二业双兼的万裕隆，即兴办烧房和又兴办醋酱坊，其资本和规模不在天元成之下。至于兴盛魁、大德生、天盛恒、新兴魁等商号的贸易额有多少，缺乏具体的资料予以佐证，但应该也不是很小。整个城市之内，商肆林立，百货齐备，日常生活必需品应有尽有，有京津之风。始于明末盛行于清代的"古城白酒"，在新疆享有盛名，不但行销陕甘一带，还远销中亚地区和俄罗斯。到1936年，古城烧酒产量

1　斯文·赫定：《亚洲腹地探险八年1927—1935》，徐十周、王安洪、王安江译，新疆人民出版社，1992，第164页。

2　林竞：《亲历西北》，新疆人民出版总社、新疆人民出版社，2013，第226页。

3　谢彬著，杨镰、张颐青整理《新疆游记》，新疆人民出版社，1990，第230页。

达70多万公斤，其中销至中亚和俄国的占总产量的30%。[1] 还有古城的酱油，和古城烧酒一样名不虚传，是奇台的名特产之一。

图28　奇台县新疆第一窖古城酒业（闫平　摄）

　　1915年，德丰厚集资数万金，联名呈请官府在奇台试办皮毛公司，专购毛皮。奇台在当时是新疆与京津的"货运的起卸站"，不但"驼队盛集于此，行旅熙攘，商务繁盛"，而且"所有的车马店(旅店)及饭馆生意即为兴隆"。[2]誉满新疆南北的会丰轩饭庄，由晋商开设，以菜肴味美色香，服务殷勤周到而著称，故而生意

1　奇台县史志编纂委员会编《奇台县志·工业》，新疆生产建设兵团出版社，2009，第165页。
2　刘卓：《新疆的内地商人研究——以晚清、民国为中心》，复旦大学博士论文，2006。

兴隆。晋商的同义园、鹤鸣轩、鹤鸣斋饭店，回族的尕三饭店、马其三的锅盔铺和松子云片糕点铺，同样驰名古城。奇台各商号也是多种经营和批零兼营，并经营时令、节日商品，如每逢中秋佳节，门市铺面设专柜销售月饼和水果。奇台以一县之地成为新疆最大的商贸城之一，仅次于迪化。[1] 谢彬在他的游记中曾记述："其地四达而当孔道，物产丰盛。谷酒、药材、羚角、鹿茸、豺虎之皮革，驴羊之毯，充溢骈积。华戎商贩，废居居邑者皆知焉。转毂数百，运驼以千计，北贾科布多、乌里雅苏台；东北贾归化城；西贾伊、塔、俄国；南贾吐鲁番及南八城。——东路一都会也。"[2] 当时，乌里雅苏台、科布多以至阿尔泰等地所需要的百货、粮食、布匹等物品，皆赖奇台供应。奇台成了闻名天下的旱码头后，商贸交易激增，商客操着不同的语言，交流困难，就得找通事帮忙。奇台北门外有"通事馆"[3]，这通事馆就是专做通事的，也就是翻译。那时古城来的蒙古商队特别多，在喇嘛湖梁聚集的大多是阿山、科布多、乌里雅苏台一带的蒙古驼商。所以，通事馆的通事要懂蒙古语、哈萨克语、俄罗斯语、维吾尔语，用得最多的是蒙古语。每到秋冬之际，"驼队不绝于途"，他们携带皮毛和乳油，成群结队地到古城换取粮食和布帛等百货，这时的古城奇台真正成为"北路大邑"。

1　萧雄：《西疆杂述诗》卷二，张志主编《中国风土志丛刊》(25)，广陵书社，2003，第109页。

2　谢彬著，杨镰、张颐青整理《新疆游记》，新疆人民出版社，1990，第230页。

3　刘卓：《新疆的内地商人研究——以晚清、民国为中心》，复旦大学博士论文，2006。

清代统一前期的天山北麓已是"千里空虚，渺无人烟"，"天山以北，准噶尔部居之，人皆强悍，逐水草，无城郭。天山以南，回部居之，风气柔弱，有城郭，土田良沃，人习耕种"[1]。古城奇台的扩张成功，在很大程度上归功于他们的开放程度，吸引了周边地区越来越多的人口，人口不仅仅来自内地，还有来自伊、塔、吐鲁番、蒙古的商人。[2] 这座因偶然而获繁荣的城镇，它既没有宝贵的资源，也没有外国货物的巨大市场，它的农产品仅供本地消费和销往周边地区。然而，它的商人因在西域和内地的贸易中扮演中间人的角色而致富。奇台正是凭借其作为西域和内地之间中转站的地位而繁荣一时。在天山北路城镇带上，成为最具有传奇色彩的城镇。

古代新疆城市经济上对内地市场有着强烈的依赖性。内地作为丝绸之路的东部源头，有着繁荣的市场和相对发达的农业、手工业。除了贸易量极大的丝绸，内地的手工业品如铁器、漆器、瓷器以及金、银等物，对中亚、西亚及地中海沿岸，都有极大的吸引力。这是丝绸之路千年不竭的动力之源，如果没有这一源头，西域绿洲城市商业经济的发展不可能兴起和繁荣。西域经济与内地经济也有着极强的互补性，西域是内地获取重要的农业和军事所需马匹、牲畜的重要基地。即使在丝绸之路贸易衰落以后，西域城市仍然对内地市场保持着依赖性，对大黄、茶叶、瓷

1　傅恒等:《钦定皇舆西域图志》之《皇舆全图说》。
2　杨方炽:《奇台县乡土志》，马大正，黄国政，苏凤兰整理《新疆乡土志稿》，新疆人民出版社，2010，第46页。

器等手工业品都有很大的需求。这种经济交往成为西域城市内向的重要凝聚力。

统一初期的天山北部城镇还是比较单一的军镇，出于对运输成本的考虑，大多数粮食只能靠自己生产。为了给城市中大量的军政人员及其眷属提供消费品，清政府采取了"官铺"营销方式。从内地采买茶叶、布匹、丝绸、瓷器及日用品等供给城市居民。乾隆中叶，乌鲁木齐巩宁城有官铺400间，古城、巴里坤各150间，广安城100间。据《乌鲁木齐政略》和《乌鲁木齐事宜》记载：伊犁惠远城有官盐局、官布铺、官当铺；惠宁城设立恩丰布铺、药铺、恩胜、恩济等官当铺。[1] 在乌鲁木齐、会宁以及其他城市也分别开设了满营官铺，有官布铺、官当铺、官药铺、官木铺、租房处、匠役局等官营机构。《伊犁略志》有详细的官铺经营规则记载：

"乾隆三十一年设立官布铺，原用满营带来预备补修费办理，俟后将原款分发兵丁，每隔一年官兵到兰州银库借银六万两，赴内地办理物品回来分给官兵，加息按月扣留。每年所得之息，久由当铺、药铺缴来息银合计一万余两。此项银两，备满营官兵马匹倒毙分数及戍守南北路官兵补助费，以及各处学校教职资助等事宜。

于乾隆三十一年起，开办官当铺，即由布铺所得银三万两创办之。俟后获利，即将布铺银退还，再获之息并每年所得之利皆

1　永保修：《总统伊犁事宜》之《惠远城满营档房应办事宜》《惠宁城满营档房应办事宜》。

归为本铺，每年所获之利四千余两，交与布铺备用。

又那交仁当、那许当等两铺，每年所得之利二千余两。此项银两为满营八旗鳏寡孤独生活贴补之用。

于乾隆三十六年，设立官药铺，官布铺赴内地办货时，顺带药剂。凡官兵需用者，药价银按月由薪饷下扣还，每年所得之利多寡不一，不论多少，随得随交官布铺，以备使用。"[1]

《乌鲁木齐事宜》之《满营官铺收支数附》记载乌鲁木齐官铺经费来源和使用情况，从这些资料中看出，官铺并非以营利为目的，主要是为了给官兵及其眷属提供布料、药材等生活物资，所盈利的银两也是为官兵办理一些公益和福利事宜，和商业性质的投资完全不同，但是它在一定程度上缓解了城市初期物资供应的窘境。设立官营商铺，其主要目的是调剂边防驻军及同哈萨克贸易所用，但其后来的发展和影响带动了整个天山南北商业的发展，特别是推动了民营商业的进步。自道光年间以来，随着新疆社会的变化，官府对商业贸易的控制能力大大萎缩了，原来只由官营商铺经销的茶叶、丝绸、布匹等也都逐渐由私商贩运了。到了民国初期，商业城市以迪化为中心，天山以北有古城、阜康、伊犁、塔城。尤其是古城，成为联系内地、北疆、南疆以及内外蒙古的枢纽与货物集散地。商业盛极一时，为"天山北路第一门户"，各大商号不但在全疆各城市建有分号，而且分派商贩深入各地。各商号之间和驼行、钱庄均有联系，以易货贸易为主，并

1　佚名纂《伊犁略志》，载中国社会科学院中国边疆史地研究中心主编《清代新疆稀见史料汇辑》，全国图书馆文献缩微复制中心，1990，第292—293页。

兼放债。商业的繁荣，刺激了驼运业的发展，"因骆驼运输之便利，营业极发达，养驼者亦因之获利颇丰"[1]。事实上古城的驼运兴旺还不仅仅因为商业活动的带动，对于养驼业而言，古城称得起自然环境优良。古城四周水草繁茂，生长着骆驼喜欢吃的三尖草、红柳秧、梭梭秧、刺蓬、苦蒿、毛毛蒿。这些草生长在碱地上，含有一定的盐碱，骆驼吃上后易上膘，也不用喂盐了。当时牧场宽阔，每年5—8月，骆驼都在这里坐场放牧，这段时间牧草旺盛，是骆驼抓膘季节。驼夫在这段时间做起场的准备工作。个别驼夫也有割草、卖草的。古城四乡土地肥沃，盛产豆类、玉米等杂粮，这些因素都促进了骆驼的繁育。这里也是归绥、迪化、古城的骆驼坐场放牧的地方。

奇台成为天山北路的商业重镇，城关居民1100余家，集市长约三四里，有津晋大商30余家，大小商店600余家，各种手工业户300余家。[2]而另一些地处相对边远、交通不便或是由于政治军事功能转移的城镇，因缺少近代转型的商业动力，出现了衰落的征兆。如巴里坤，"不久前巴里坤城还被认为是一个重要的县城，而在更早些时候它的重要作用甚至还很大。……现在这已是一个被人遗忘、人口稀少的荒凉县城"[3]。属于同一因素衰落的还有原来

1　曾问吾：《中国经营西域史》，商务印书馆，1936，第679页。
2　戴良佐：《新疆昌吉地区清末民初商业概述》，《中国边疆史地研》1994年第2期。
3　尼·维·鲍戈亚夫连斯基：《长城外的中国西部地区》，商务印书馆，1980，第94页。

南疆八大城之一的乌什县、温宿县。[1]

出色的商人们利用城市万事俱兴的有利机会，源源不断地从北京、张家口、归化等市场贩运来各种商品。在西北，运输方面直到近代也是以骆驼为唯一的利器。经营驼运业的内地商民们在西征军粮饷物资后勤供给上起到了重要的作用。清末，驼道畅通之后，驼运业就更发达了，并于民初盛极一时。但后来新疆因政局动荡引发战乱，直接打击了驼运业，加之整体社会环境的影响，驼运业衰落了。驼运业的命运可说也是新疆商贸之命运的缩影。

去往归化城的驼队驮运的货物中，有一大宗商品是棉花。新疆的棉花价廉物美，大量供应内地的纺织需求，是新疆输入内地的重要商品。而且，可在棉花包内夹带珍稀物品，如黄金（金条、首饰、器皿）混入棉花中轧成捆包，写上号码。晚清时期，新疆南部经济作物棉花的种植面积和产量成倍增长。当时种植的棉花是粗绒棉，也就是陆地棉，对土壤没什么特别要求，肥沃些更好，不肥沃也行，所以这种棉花在新疆南部很容易成活。但是，有个很大的问题要解决。这种陆地棉和海岛棉不一样，棉籽黏度很大，紧紧地黏在它周围的纤维上。棉花纤维又叫棉绒，要把棉籽和棉绒剥离开来很费时间。一个劳动力一天最多可以捡出20多公斤棉桃，要把这么多的棉花去籽，每个劳动力需要25个工作日才能完成。这道工序叫作"轧花"。1793年，一个聪明的美国人伊莱·惠特尼，发明出了轧棉机。一个工人一天可以完成之前25

1　黄达远：《晚清新疆城镇近代化初探》，《西域研究》2005年第3期。

个工人的工作量。经济效用如此显而易见，以至于惠特尼造出的第一台轧棉机竟被人偷走了。[1]后来，中国也有了轧棉机。清末新疆棉花种植最为显著的变化是吐鲁番地区取代南疆西部传统棉区，成为新疆最重要的产棉区。《新疆图志》记载，吐鲁番每年棉花产量达300万斤。1914年，新疆棉田面积约42万亩，棉产量约400万斤；1918年棉田面积约40万亩，棉产量增至2100万斤。[2]初步出现了区域化、专门化的倾向。据记载，喀什噶尔，"现在已开始使用机器轧花了"，"在吐鲁番有六个轧花厂，其中两个属于俄国人，有近千台手摇机"[3]。生产越发达，交换越兴盛，各级各类市场的经济聚集功能越强。清末、民国时期，新疆棉产品的出口地有俄国、印度及阿富汗，以俄国为主要输出国。而清嘉庆时期，吐鲁番、鄯善一带生产的棉花向内地输出。"所产棉花遍野，蒲萄蔓地而生。"[4]"吐鲁番产棉花甚多，但宜作布，不宜作线，贩入关内，络绎不绝。"[5]20世纪30年代初，新疆以骆驼运至绥远转天津出口的长绒棉，每年在20万斤左右。吐鲁番的棉花，由伊犁以贾俄国，道归化以商内地，年约300万斤。鄯善棉花，东贾关内，西贾俄罗斯，年约百余万斤。[6]在古城通往归化的路途上，常常见到从古城来的驼队，驮着大量的棉花包去往归化。古城是

1　约翰·S·戈登：《财富的帝国》，董宜坤译，中信出版社，2007，第61页。
2　刘玉凯：《清代民国时期新疆棉业发展》，《农业考古》2006年第4期。
3　尼·维·鲍戈亚夫连斯基：《长城外的中国西部地区》，商务印书馆，1980，第136页。
4　祁韵士：《万里行程记　陇蜀馀闻》，中华书局，1985，第21页。
5　修仲一、周轩编著《祁韵士新疆诗文》，新疆大学出版社，2006，第170页。
6　转引刘玉皑《清代民国时期新疆棉业发展》，《农业考古》2016年第4期。

吐鲁番和鄯善的棉花运往内地的起运地。

　　来往古城的驼队，驮运的货物中，有一最重要的大宗商品是茶叶，茶叶贸易在新疆旋起了贸易风暴，而古城是这风暴的中心。晋茶与官引茶的风波，晋茶与湖茶的竞争，华人与俄罗斯走私茶的茶战。因为茶叶专卖是清政府财政收入的主要来源之一。《新疆图志》记载，清政府的税课收入，"东南则盐为巨擘，西北则茶为大宗"[1]。新疆居民蒙、哈、维等各族人民喜饮茶的习惯始终如一，口味也是比较固定的，贯食晋茶。新疆历史上将晋商行销新疆的茶叶称为晋茶。由于晋商大力开展茶叶贸易，一条万里之遥的茶叶商路逐渐被开辟出来，以山西、河北为枢纽，北越长城，贯穿蒙古，运至库伦、新疆或恰克图，经西伯利亚通往欧洲腹地的陆上国际茶叶商路。俄罗斯人记载：红茶的边贸，使涅尔琴斯克边区的所有居民，不论贫富或年幼，都嗜饮砖茶（以红茶为原料）。茶是不可缺少的主要饮料，早晨就面包喝茶，当作早餐。不喝茶就不去上工，午饭后必须有茶，每天喝茶可达五次之多，爱好喝茶的人能喝十至十五杯。不论你什么时候去到哪家去，必定用茶款待。不仅某一地区如此，而且，所有亚洲西部的游牧民族均大量饮用砖茶，时常把砖茶当作交易的媒介。[2]可以这么说，是晋商把中国红茶引入了俄国人和中亚人的生活。茶的引入改变了中亚、西亚、欧洲人的生活方式，而这些地方都是干旱、寒冷

1　袁大化修，王树枏、王学曾等纂《新疆图志》卷三十三，上海古籍出版社，1992，第320页。
2　范志萍、武红艳编著《走进晋商》，山西经济出版社，2013，第257—258页。

的气候。中国古人说："寒夜客来茶当酒，竹炉汤沸火初红。"在寒冬漫漫长夜时，尤使人心向往，一杯热气腾腾的茶，能让遭遇寒冷朔风的人从内而外地暖和起来。天气寒冷，炉子上的茶壶，水慢慢被煮沸，冒出的水雾，在屋子里暖暖地将茶香晕染开来，喝茶的人也由身及心地逐渐温暖起来。以茶待客，以茶会友。将中国礼仪之邦的文明传播开来。

清朝建立后，曾特许山西商帮请户部茶引，于塞外蒙古地方经营茶叶贸易。1755年，清朝经过稳定的生产发展，励精图治，已有了国力强盛的局面。乾隆帝决定完成祖、父未竟的事业，彻底解决西北地区的准噶尔部叛乱。于是出兵西城，直捣准噶尔部政权中心所在地伊犁。这次出兵西域，山西商帮承担了大部分军需供应的重任，并随清军进入新疆，在从事商业活动的过程中开辟市场。茶叶是西域居民重要的日常饮品，"伊、塔、镇、迪，汉、蒙、哈、回均以茶为养命之源"[1]。在这儿的居民中流传着"宁可三日无油盐，不可一日不喝茶""一日无茶则滞，三日无茶则病"等谚语。这主要是由其饮食结构所决定的。西域居民多从事畜牧业，饮食中以肉、奶、乳制品为主。而茶具有消食去腻、生津止渴的显著功效。所以茶逐渐成为其饮食中不可缺的重要组成部分。同样，中亚各国和俄罗斯的饮食习惯与西域居民相似，对茶叶的需求量极大，而且容易获利，故商贩都乐于经营。

凡输入西域的晋茶，都在归化，张家口请领部引，借以蒙古

---

1 新疆通志·商业志编纂委员会、新疆通志·外贸志编纂委员会、新疆维吾尔自治区档案馆编《新疆商业外贸史料辑要》（第1辑），内部发行，1990，第78页。

通商名义，经乌里雅苏台、科布多，南下古城，再分别发卖各地。输入西域的晋茶主要供应游牧民族食用。伊犁、塔城及周围哈萨克游牧区，是晋商的传统市场。1832年，果勒丰阿将军请奏，"此项砖茶，由归化城，张家口请领部票纳税而来，已六十余年"[1]。凡晋商运茶入，回程皆自古城一带采办粮食，运往科布多、乌里雅苏台地区向蒙古牧民转售，这种茶粮周转贸易自乾隆中期以来盛行了近一个半世纪。

从道光年间开始，晋茶行销新疆受到诸多限制，并一度被定为私茶。

1822年，陕甘总督那彦成奏请为新疆各城行销茶封订立章程，禁止私贩充斥，并请求分年带销滞银，以裕国课。道光帝于是下令严禁晋茶入新疆，"道光三年谕：那彦成奏定新疆行茶章程，经户部议覆，乌里雅苏台、科布多砖茶不得侵越新疆各城售卖"[2]。晋茶被禁后，对新疆的军民的生活造成很大困难。于是，1823年7月，伊犁将军庆祥从新疆的实际出发，陈上了为新疆奏请仍循旧章的奏折。"新疆一带自乾隆二十五年四月奉上谕：据同德奏称，北路蒙古赶牲赴巴里坤、哈密辟展贸易，于地方甚有裨益，惟有乌里雅苏台商民籍资蒙古所赶牲畜驮运布匹、茶封、杂货来乌里雅苏台贸易者不能众多，缘来乌里雅苏台贸易民人俱由张家口、归化城前往。……若准地方官给票，由推河行走，可省四十余日程途。现驻乌鲁木齐屯兵数千暨驻伊犁兵丁，必须商

1　赵尔巽等：《清史稿》卷一百二十四，中华书局，1977，第3659页。
2　赵尔巽等：《清史稿》卷一百二十四，中华书局，1977，第3659页。

民通便，于事方为有裨。请令直隶总督、山西巡抚、乌里雅苏台将军，转饬张家口、归化城地方官暨各扎萨克等，如商民、蒙古人等有愿来者，就近给发印票出口。等语。同德所奏甚是，自应如此办理。由归化城、张家口出口程途既省，商民自必较前加多，于新疆地方殊多裨益。""钦遵在案。……商民相通，历今六十余年，兵民回夷以茶易粮，相安无事。乃于道光元年，据陕甘总督咨称，私贩由归化城、张家口潜入北路，直行新疆，官茶壅滞。请咨山西、陕西及新疆一带，认真严缉私贩，即经北路连界之奇台县，封禁商贩砖茶，新疆一带茶价陡长，岌岌堪虞。……与俄罗斯之大黄、蒙古爱曼之茶相同。即回民亦食杂茶而不食附茶，附茶仅供内地军民食用。自奉文饬禁以后，附茶、杂茶俱各停运，附茶价已三倍杂茶，则望之如渴，无茶应付，恐启外夷之疑。……现将此项商茶禁止，大有竭蹶之状，于地方实无裨益。"他指出："安边、便民、通商、裕课四者不可失其一，而地方始安。……况部议于乌里雅苏台、科布多准北路茶商纳税售卖，独不准至新疆售卖。同是天朝赤子，何分彼疆此界之心，西北两营相安六十余年，从无茶禁。盖由归化城纳税请票出口，本不得谓之私也。且乌里雅苏台、科布多全赖古城等处运粮换茶，以济口食。若茶不西来，则粮不北往，于北营重地已有关系。"他提出来折中办法："……新疆一带，甘司茶商专行附茶，北路茶商专行杂茶，不准私带附茶。如此办理，备有引张，既不致任听奸商偷漏，以妨国课，又可使新疆回夷军民普臻谧安。"¹ 道光帝于道光三年八月批准了嗣后新疆地方仍准商茶北路运售，与乌里雅苏台、科布多一体办理。

乌里雅苏台将军果勒丰阿也与那彦成持有不同的政见，他主张应有节制地限制晋茶入疆，而不应一应禁绝。他上奏，请准商民仍循旧规驮载砖茶，前赴古城兑换米面一折。"……该处各项商贾及蒙古人等所食口粮，向系商民等驮载茶货，前赴古城兑换。其古城商民，亦常川贩运米面，来营兑换砖茶，赴西路一带售卖。此项砖茶，系有归化城、张家口请领部票，缴纳官税，贩运来营贸易，迄今六十余年，均系以货兑货，向不使用银两。今一旦全行禁止，该处数万蒙古民人，糊口无资，必致失所，均系实在情形。……著照所请，准其令商民等，每年驮运砖茶七千余箱，前赴古城兑换米面。……仍照例给发印票，只准该商等前至古城兑换米面，不准另往他处售卖。"² 皇帝觉得果勒丰阿讲得有理，准了其奏，"准其令商民等，每年驮运砖茶七千余箱（每箱以100斤计），前赴古城兑换米面"。

但矛盾仍然没有得到很好的解决。1824年7月，伊犁将军庆祥等再次上奏新疆茶运仍循旧章。"……查，古城只有满汉官兵二千名，又无蒙古、回子，居民亦复无几，断不销七千余箱之多。古城一处亦无如许粮石，茶不流通，商贩裹足，百货因而滞塞，不独新疆夷民日用维艰，仍于乌里雅苏台蒙古民人口食无济。惟有谨遵前奉谕旨，准北路运售杂茶之商民照旧运售，如有

1　中国第一历史档案馆：《道光年间茶课史料》，《历史档案》1998年第2期。
2　《清宣宗实录》卷60，道光三年十月丁巳，中华书局，1986年影印本。

私带附茶者，严拿治罪。并请于北路总口古城地方设立税局，由陕甘督臣派员前来，照例抽收税课。茶箱到即验明征收，听往南北各城贩卖，所收税银，责成镇迪道督率办理，年终解归甘肃兰州茶商汇报。"[1] 1824年7月14日做出决断，著准令北路运售杂茶之商民照旧运售。"……在北路总口古城地方设立税局，由陕甘总督派员前往抽分税课，查验茶箱，听其售卖。所收税银责成镇迪道于年终解归甘肃兰州茶商汇报，以税抵课，每箱以一百斤为率，俟试行三年再行定额。其古城纳税若干，著户部核定具奏。"[2] 旨是下了，但实际执行情况可能并不理想，而且晋茶确实很有市场。道光皇帝根据新疆的具体情况，在不损害官茶又不禁行晋茶的同时，采取了折中的办法，允许晋茶行销新疆，在古城设局抽税，补甘肃兰州茶商课所受到的损失。但是晋商中无引之茶仍在新疆四处畅流。1828年，那彦成两次上奏。对此，清廷规定茶价，于镇迪道和奇台县设定了稽查所。晋茶颇受新疆军民喜爱并畅销，晋商遂冒险运茶至古城，从北路的总口入疆，再分至南北疆。此外，晋商还向新疆地区输入朱兰茶、白毫茶、砖茶等茶，售给安集延及俄罗斯。19世纪20年代，浩罕商人是南疆茶叶的最大买主。俄国自新疆进口茶叶大增，1836年只有1420普特（每普特合16.38公斤），1854年俄国6个海关从新疆进口茶叶46336普特（折合1517967.36斤），增长31.63倍。[3] 新疆茶叶内外贸易的巨

1　中国第一历史档案馆：《道光年间茶课史料》，《历史档案》1998年第2期。
2　《清宣宗实录》卷71，道光四年闰七月甲辰，中华书局，1986年影印本。
3　郭蕴深：《论新疆地区的中俄茶叶贸易》，《中国边疆史地研究》1994年第4期。

大发展与晋商的努力经营密不可分，晋商除参与官茶从南路运销新疆外，还继续以华北、蒙古为根据地，将茶从蒙古草地运往新疆，尤其是天山北部进行销售。晋商无论在对外贸易还是对内贸易中均占有明显优势。

从19世纪20—30年代和卓余孽在浩罕的支持下入卡作乱开始，将近半个世纪的时间，新疆总有地方处于不安宁的状态，就南疆局部而言，基本上是战火连绵不绝。战争对商业的影响是巨大的，对新疆各族人民的生活影响是巨大的，对内地商人的冲击更是巨大的。一个俄国军官的记载："1864年前，喀什噶尔居民是从中国各省得到茶叶的，这些茶叶从大商道经过兰州府、哈密、吐鲁番、喀喇沙尔和阿克苏运到喀什，再运往叶尔羌和和田。暴动开始后贸易往来中断，茶叶的输入遂告中止。""头几年，习惯喝茶的居民还安于耗用中国人库存的茶叶，后来就不得不另寻其他的茶叶来源了。居民开始从当地植物中寻找茶叶代用品来饮用。代用茶是以产地而得名的。如所见的和田茶、库车茶。这些代用品配以牛奶、盐和奶油饮用。"[1] 战乱打击了商业，使茶商也无法开展业务，人民的日常生活需要也难以得到满足。"晋私既禁，湖茶不来"，新疆茶务一片混乱，清政府同样收不到茶税，却为俄商浑水摸鱼提供了天赐良机。

《议定俄商借道塔城、伊犁运茶赴俄条约》成为一纸空文。至宣统末年，伊犁民间销茶已被俄商侵占大半，官茶边销量不及

---

[1]　А·Н·库罗帕特金：《喀什噶尔》，商务印书馆，1982，第61页。

旧额十分之三四。为了抵制俄商茶叶走私及收取茶税作为练兵之用，在伊犁将军的坚持下，1908年获准成立了"伊塔茶务有限公司"，专贩晋茶，规定其行销范围以伊犁、塔城所属厅县，满汉各营和蒙古、哈萨克各部落为限。"由归化城取道蒙境，以至古城纳税销售，名为古城茶税。"[1] 1912年，随着清政府的垮台，伊塔茶务有限公司也最终消失。诚然，伊塔茶务有限公司具有很强的封建性，但是，作为有识之士维护国家主权和民族利益，抵制外国经济侵略的明智之举，探索茶务改革的努力尤为难能可贵。俄商的茶倒灌，侵害中国的利益至民国时期，也没解决。

从新疆过境的商品中，还有一种重要的商品是药材大黄。因其具有解毒、清热之功效，深受俄国和欧洲许多喜食鱼类和肉奶制品国家人民的喜爱，而且，对于中国大黄，西方许多学者或专家都盛赞其质优。如12世纪出生在开罗的阿拉伯名医伊本·贾米在其专著《大黄考》中对中国大黄、突厥大黄、波斯大黄、叙利亚大黄等进行研究，得出"强肝健胃以及促进其他内脏功能最有力的大黄、治疗急性腹泻、痢疾和慢性发热最有效的大黄，乃事实上最有镇静作用、渗透性最强的也是中国大黄"[2]。故而，中国大黄在中亚乃至西方都享有特殊声誉，常有非大黄而无以解"鱼毒"

1　转引孟宪章主编《中苏贸易史资料》，中国对外经济贸易出版社，1991，第361页。
2　转引刘卓《新疆的内地商人研究——以晚清、民国为中心》，复旦大学博士论文，2006。

的流行说法。故大黄常大宗出口。[1] 作为一种珍贵的药材，大黄在清代中俄恰克图贸易中，成为深受俄国商人喜爱的一种商品，远销俄国及欧洲其他国家。据16世纪西班牙人阿科斯塔说"大黄（一种珍贵的药品），只有中国出产。……由海上运输不多，因为大部分受到损害（大黄在海上容易腐烂）。从陆路运输先到鞑靼地区，又从乌兹别克地区转运到忽鲁摸斯……再转运到欧洲各地"[2]。所以，经过西域通往中亚的传统商路从未废弃。在中俄恰克图贸易中断之时，大黄在经西域通往中亚商路上大量走私贩运。1789年，清廷从喀什噶尔、阿克苏、伊犁、布古尔、哈密、吐鲁番等地查获乌兹别克、维吾尔商人走私大黄至俄罗斯数千、万斤。即便是恰克图贸易十分通畅之时，仍有大黄由中亚传统上的陆路运至俄罗斯。

在中俄关系紧张期，清廷下令关闭中俄恰克图贸易并严禁新疆大黄出口之时，走私大黄盛行，仅以1789年为例，阿克苏有商民马成孝等人原存、新贩大黄870余斤；叶尔羌有维民贩卖吐鲁番商民老三大黄600余斤；有哈密商民由甘肃私贩大黄5000余斤赴乌鲁木齐。数量都很惊人。大黄在新疆本地的需求量并不是很多，运入新疆的大黄很大一部分只是从新疆过境，随后经过转手贸易，流入中亚和俄国，一小部分留在俄国，大部分转售欧洲其他国家，获利极大。

---

1 转引刘卓《新疆的内地商人研究——以晚清、民国为中心》，复旦大学博士论文，2006。

2 转引潘志平《从大黄、茶叶贸易看十五世纪后的中亚交通》，《新疆社会科学》1986年第2期。

为什么清廷所下的各条禁令提到的只是大黄和茶叶呢？可以认为，当时，大黄、茶叶在中亚贸易上已占有举足轻重的地位，而且成为中国商品的代表。

出于统治的需要，清朝政府对新疆、蒙古制定了详细的治边政策，加强了天山北路的军事建置。清朝在天山北路采取的种种治理措施，如"以北制南"，重北疆轻南疆的建设，后来都成为天山北路经济得以发展的背景条件。因内地通往西域的两条商路——北路和西路都改变了路线，绕过了巴里坤，直接到达古城奇台，古城奇台作为天山北路的第一门户，拥有了其他西北城市所不能比拟的交通区位优势。由于在地理交通上的优越条件，边疆城镇古城奇台引来了内地和各国商人投资经商，商人们大量迁徙来此经营商铺、货栈与旅店牟利。内地中原及中亚各国之间的资金流动、物资交流和商品交换，使古城奇台的边疆地缘经济如火如荼地发展起来，带动了天山北路的贸易发展，与天山北部的迪化共同扮演着内外贸易双枢纽的角色。奇台一跃成为西域与中原地区最大的贸易转口中心，跨区域市场中心，北疆地区最重要的大商埠，沟通着中原地区与新疆的商业交流，联系着天山南北疆的货物往来，连接着中俄贸易。同时担任着军事重镇的职责，为了强化其军事职能，另建新城孚远城为满营，作为旗兵驻扎之地。奇台的城市级别不高，但由于它的便利的交通，富庶之区，成为仅次于迪化的贸易中心市场。

1877年，陕甘总督左宗棠令部属自哈密至古城，拓展这条千里驿道达三丈宽，以畅粮运，从而出现过千峰驼队与百辆大车穿梭于古城的壮观景象。左宗棠并饬部属在整修大道的同时，沿途遍植柳杨，以树标道。"左公柳"盛传一时。左宗棠遍植杨柳这件事，从哈密到巴里坤，须翻过三十二盘的天山之脊。嵩武军统领张曜受左宗棠之命，驻扎哈密，在这一带凿平险阻，减低坡度，立石贯木，装设扶栏，回绕三十六盘，路宽一丈五尺。左宗棠的《天山扶栏铭》中说"谁其化险贻之按，嵩武上将惟桓桓。利有攸往万口欢，恪靖铭石字龙蟠"，就为纪念这个工程而作。[1]

左宗棠作为陕甘总督和西征军的主帅，为迅速稳定西北局势，收复新疆，他从进入潼关，踏上西北土地开始，在全力筹谋军政大计、安排西征事宜的同时，投入了相当大的精力整修西北道路。随着大军西进，道路不断向西延伸，北路一直修到精河，南路一直到了喀什噶尔。修建了一条横跨陕甘新三省的战略要道。这条交通大动脉的兴建，为平定阿古柏匪帮、巩固西北边防、开发和建设西北，起到至关重要的作用。

沿路种植了大量的行道树。这些树有的地方只有一行两行，有的地方有四五行。栽种行道树的目的：巩固路基，"限戎马之足"和夏时供给行旅荫蔽。[2]据左宗棠自己记载：仅从陕西长武境内到甘肃会宁县止，600多里间，历年种活的行道树，就要26万多株。[3]陆无誉《西笑日觚》云："左恪靖命自泾州以西至玉门，夹道种柳，连绵数千里，绿如帷幄。"甘肃布政使杨昌濬见此壮

1　马啸:《左宗棠与西北公路建设》,《陇东学院学报（社会科学版）》2003年第2期。
2　秦翰才:《左文襄公在西北》,商务印书馆,1945,第128页。
3　马啸:《左宗棠在甘肃》,甘肃人民出版社,2005,第108页。

景，不禁吟诗一首："大将筹边尚未还，湖湘子弟满天山。新栽杨柳三千里，引得春风渡玉关。"[1] 谢彬在《新疆游记》中记载，民国初年，他在新疆阿克苏看到，"连日以来，湘军所植道柳，除戈壁外，皆连绵不断，枝拂云霄，绿荫行人"[2]。然而，在西北种树，绝非易事，需要做出巨大的努力。

古城奇台中心市场的地位，一直保持到清末民初，晚清尚有记载："古城……繁盛为新省冠；而商贩畜牧之利，尚倍于耕。"《新疆图志》也称："古城商务于新疆为中枢，南北商货悉自此转输，廛市之盛，为边塞第一。"古城作为一个军政级别不高的城市，发展为新疆的商业中心城市。其繁荣程度超越了军政级别较高的城市，市场机制（交通枢纽效应）作用超越了传统意义的按军政等级划分的城市等级，这标志着新疆城市发展史上的一次重大变革。[3]

第二节　中原商人沿着草原丝绸之路西行

一、古丝绸之路与草原丝路交会处的奇台

人人都享受了繁荣带来的好处。

奇台，在地图上的位置，可以看到，它在天山山脉北麓的冲

1　秦翰才：《左文襄公在西北》，商务印书馆，1945，第130页。
2　谢彬著，杨镰、张颐青整理《新疆游记》，新疆人民出版社，1990，第113页。
3　黄达远：《清代中期新疆北部城市崛起的动力机制探析》，《西域研究》2006年第2期。

积平原上，北面有阿尔泰山山脉，这里孕育着肥美的草原，是草原丝路的通道。它就在丝绸北道上与草原丝路相接。这里草场放养着十几万峰骆驼，奇台的、归化城的、迪化的骆驼都在这里坐场，育肥养膘。现在很难想象，数以十万计的骆驼聚在一起，会是怎样的一个磅礴宏大的场面。老百姓说："驼队一动百业兴。"奇台城里日渐繁荣，店铺骤增，鳞次栉比；骆驼日夜穿梭于市，驼铃声昼夜不息。这里作为新疆跨区域的中心市场，迅速走向繁华，人口迅速增加。商业使奇台城壮大起来，繁荣带动了其他行业的发展。出色的商人和能工巧匠云集于古城，像每一个城镇乡村那样，都有自己的铁匠、铜匠、车匠、补鞋匠、木匠、制革匠和其他一些工匠来服务于当地的需求。面粉厂和锯木厂的数量和规模也不断增大。古城酒厂的酒占据了北疆地区、科布多、乌里雅苏台60%的份额，外销至俄国。那时散布在城市周围的村镇包围着古城，形同众星捧月之势，使整个城市充满活力。

驼道通向四面八方，古城是真正的八方通衢之地。丝路古道上的商路带动了运输业的发展，每天都有来自四面八方的驼队涌进古城这座商道上的名城；每天都有满载货物的驼队从这里出发奔向四面八方。古城不再是陌生荒僻之地，不论北京还是汉口，甚至远在欧洲的莫斯科对它的名字也不陌生。因为俄国商人也领票赴古城运茶回俄国。

为繁荣的贸易配套，金融业跟着兴起。道光年间，古城设立茶税局，对内地商人征收茶税。后来，钦差大臣那彦成以古城茶税局为例，在新疆的伊犁、喀什噶尔、乌鲁木齐等城设立茶税局，

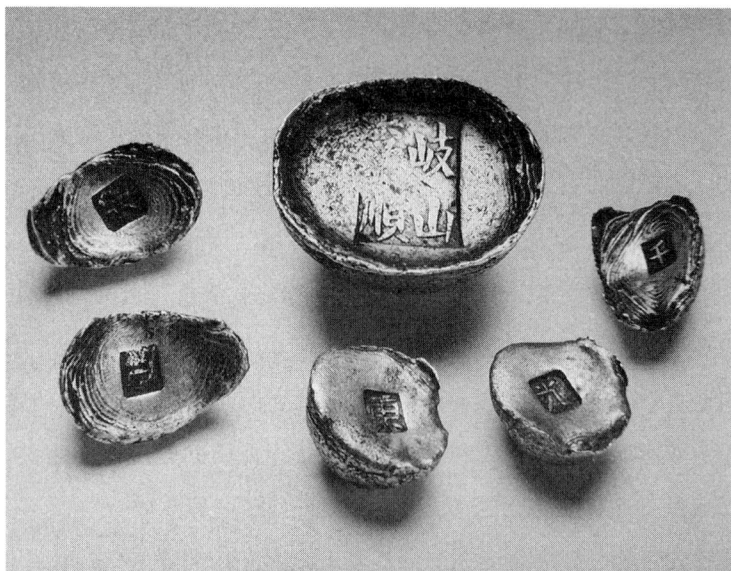

图29　银元宝（清代），济木萨县博物馆征集。以银锭为主要形式的称量货币，始于两汉，盛于明清

试行征收茶税。1885年，首先在古城设立了古城税务局，专征从内地来的各种商品及包头、归化一路进入古城境内的货物税，连同哈密税局，每年约收入商税六万两。民间的钱庄和票号也都开起来了。

在同治年间的战乱发生前，新疆的驼运业也是很繁荣的。1906年，谪戍新疆的广东南海县知县裴景福写道："咸丰间，木垒河市廛极盛，民居过万，凡山西、归化城货物悉囤积于此，蒙古诸盟亦来贸易，为北疆大聚落。"[1]（当时木垒河属奇台县辖区）有大量的货物流通，必然有兴盛的驼运相伴。

繁荣的商贸离不开得力的运输。而发达的运输势必进一步促进商贸的繁荣。西北的自然环境和交通发展的实际状况，决定了运输方式。驼运，这个古老的运输方式，一直沿用到现代社会。而在清代，乃至民国，新疆的交通没有公路，没有汽车，却有着古老的丝绸古道，还有驿路、商路、牧道，也是来往商队的驼道。清代的西域交通线大多为国防军事目的所设，其主要任务是传递官方军政文书，一般百姓不能利用。内地通往西域的道路，大多是军事用途，乾隆时期，新疆与内地的联系主要靠奇台北通科布多、乌里雅苏台和由东部至嘉峪关。因此，主要驿道为归化—外蒙—奇台路，归化—甘肃—哈密路（商道与之一致），那时，迪化尚未成为通往内地的交通枢纽。这条重要的商道，是连接古城和归化城及京师的通道。当时迪化至哈密有南北两道：一是迪化经托克逊、吐鲁番、七角井往哈密，是为南道；二是迪化经古城、头水、七角井往哈密，是为北道。早先是以南道为主，后随着古城发展成为仅次于迪化的商贸中心，北道逐渐取代南道的地位。而且，头水至七角井的民间商道——小南道，更名为中大道，终成为主干驿道的一部分。北路是从归化经"大草地"至古城，相距2000多公里，运输工具是骆驼，每驼载货约150公斤。北路比甘新大道运费低廉、时间短。并且蒙古草原道，路途平坦，水草

1　裴景福:《河海昆仑录》，中国国际广播出版社，2016，第273页。

图30　人物纹诗词线刻铜盘（清代）。2012年奇台县征集，现收藏于玛纳斯县博物馆

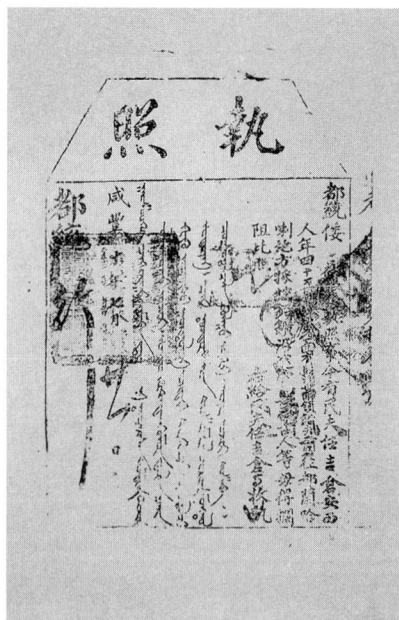

图31　淘金执照，奇台县北山煤窑东火坑出土。现收藏于昌吉州博物馆

图 32　淘金工具，奇台县北山煤窑东火坑出土。现收藏于昌吉州博物馆

图 33　"赤金营都阃府"石印（明代），奇台县北道桥古城出土，现收藏于奇台县博物馆。石印方柱体，高5.4厘米，边长3.2厘米。印文六字："赤金营都阃府"。按《明史》载，永乐初设"赤斤蒙古卫"，"赤金"即"赤斤"，驻地在今哈密至玉门一带。"赤金营都阃"系赤斤卫属下的右部营制建军。《明史》又载："正德八年，吐鲁番遣将据哈密，遂大掠赤斤，夺其印而去。"又据《明实录》，瓦剌旋攻占吐鲁番，再次洗劫赤斤。该印在奇台出土，或与上述事件有关

丰沛，故商人多走草原道。

　　清末民初新疆与内地之间的运输，仍然是畜力大车和驼运。奇台是最大的转运中心，奇台用于驮运的骆驼达 1.5 万峰，绥远达 3 万峰，奇台至绥远驼运的货运量每年可达 13500 吨。奇台至归化的商路，1921 年前走"大草地"，1921 年后，"大草地"交通断绝，商人们开辟了由归化城，沿长城外，过蒙古草原，穿戈壁走沙漠至奇台的商道，这就是漠南道，也称为"小草地"驼道，这是沿着长城外，沿着天山的驼道。

　　这些商路上的运输完全靠骆驼，这是由商路的自然环境所决定的，一路所过之处，多为戈壁瀚海、沙漠、草原，乏水草、少人烟。冬季严寒，夏季酷热，大漠流沙，大风尘暴，在缺少城镇和乡村的环境中，行走的驼队困难重重。这种环境下，不宜于使用牛马驴骡运输。随着新疆的局势统一稳定，商道的复兴，归化城与古城、迪化等地的商业贸易额日益增大。于是归化城及古城等地出现了专门养驼，以招揽客货运输为业的人家，称为驼户。他们开设的店称为驼运店，通常拥有数十峰到数百峰不等的骆驼，或专门承揽客货运输，或既承揽客货运输，又自行购货，购买皮毛、棉花土特产运到内地。驼运店的掌柜，大多数是驼倌出身，或者是世代相传，子继父业，因此成为对饲养骆驼、穿越草原、荒漠、承揽运输拥有丰富经验的养驼户。

　　1876 年，左宗棠收复新疆，调配骆驼的数量是历次清廷用兵新疆中最多的一次，运输里程也是最长的。据统计，自安西、哈密、巴里坤和古城子间，有官驼三千，商驼一万，古城子和乌鲁木齐间有官商驼八千，吐鲁番到前敌有驼八千，总共约二万九千余只。[1] 都参与了这次征讨阿古柏之战。

1878年，左宗棠部进驻新疆，归化城与古城、迪化等地的商业贸易额日益增大，当时开业的商号有大德昌、永胜生、义成永、义成昌、德和恒、永顺和、义盛和、春义和、义源昌、通兴玉、魁隆永、两益公等数十家，除两益公尚有自备驼队外，其他一般字号的货物、皮张、药材多由驼店代为起运。在那个时候，奇台驼户胡天全（又名胡老五），偕同胞兄胡天有、胡天德等前往归化城，共有骆驼一千余峰，开了天德全驼运店，牧场设在巴里坤，这就当年最大的一家汉民驼户。[2] 回民很会饲养骆驼，1922年，回民鲁二宝，晚年拥有七八百峰骆驼，占古城骆驼的六分之一。[3]

总之，清末，驼运业日渐兴盛。光绪年间，大批驼队载运京货特产源源抵达奇台售货，厚利而归。仅山西省天顺魁商号骆驼就有0.1万余峰，驼房10余顶（每顶驼房骆驼120余峰），年驼运400吨（每驼约300斤）货物进疆。在光绪初年，从奇台移居到归化城的驼户就已增加到100余家，因为驼运的起点主要是绥远归化城，所以绥远养驼业发达，出现了驼运大商。[4] 如归化城巨商

1　秦翰才：《左文襄公在西北》，商务印书馆，1945，第92页。

2　新疆通志·商业志编纂委员会、新疆通志·外贸志编纂委员会、新疆维吾尔自治区档案馆编《新疆商业外贸史料辑要》（第1辑），内部发行，1990，第38页。

3　魏大林：《古城驼铃、骆驼夫、骆驼社》，载政协奇台县委员会编印《奇台文史》（1—12辑合编本），内部资料，2015，第179页。

4　沈世德口述、贾汉卿整理《归化城的驼运》，载中国人民政治协商会议内蒙古自治区委员会文史资料研究委员会编《内蒙古文史资料》（第12辑），1984，第182—194页。

大盛魁号养骆驼数万峰，并操蒙古金融之权。驼运来往于内外蒙古、新疆、甘肃、宁夏和青海等地，归来时载运各地土产，行销内地或通过天津出口。据《中国经营西域史》记载："骆驼队之出发，多以绥远为出发点，故绥远养驼特多。过去绥远商业发达，全赖骆驼驼运货于内外蒙、甘、宁、青、新各省，归来则载运西北各地土产，行销内地及外洋，以繁荣市面。"[1]

1921年，驼运发展更快了，据不完全统计，迪化驼行共有骆驼1.4万峰。哈密的驼行田义福、徐辉、马六和顺义西共有骆驼6000余峰。吐鲁番的田大帮有骆驼5000余峰。奇台的陈有恒、张作甫和马家大帮有3000峰骆驼。镇西的刘华、张老四，约有骆驼3000多峰。[2]此外奇台天申恒商号已有骆驼100峰；罗二宝、狄大鼻子、宋英拥有骆驼都在100峰以上。[3]辛亥革命后，古城的商人杨福、孙才、孙茂、杨大柜、杨五、杨万、曹涌与杨万元等都已积累起资本，他们开办起一批商号，福德堂、和盛公、福盛魁、万有堂、德厚堂与贵元堂等。[4]另外桂福元、胡老五、周凯、孙文祥、鲁二宝、王禄、白玉祥以及三义堂、马草铺共有骆驼一万三四千峰，其中胡老五的驼队具有相当的规模。[5]那个时候，跑外路的骆驼，约计十四五万峰，走西路的骆驼，达4万余峰，

1　曾问吾：《中国经营西域史》，商务印书馆，1936，第679页。
2　陈慧生、陈超：《民国新疆史》，新疆人民出版社，1999，第169页。
3　新疆通志·商业志编纂委员会、新疆通志·外贸志编纂委员会、新疆维吾尔自治区档案馆编《新疆商业外贸史料辑要》(第1辑)，内部发行，1990，第48页。
4　新疆通志·商业志编纂委员会、新疆通志·外贸志编纂委员会、新疆维吾尔自治区档案馆编《新疆商业外贸史料辑要》(第1辑)，内部发行，1990，第39页。
5　陈慧生、陈超：《民国新疆史》，新疆人民出版社，1999，第169页。

货运不绝，使驼运行得以兴旺发达。

据奇台马王社统计，在民国初年，陕甘帮进疆骆驼有甘肃张掖的庆丰源、德盛昌商号，兰州的合盛茶庄、永盛茶号；张掖的王印轩，酒泉金塔县的黄印堂、吕兆瑞、曹学贤；安西的葛泉生、元盛西等数10家驼商，每家都有驼100峰左右。仅古城本县而言，有骆驼大小700余峰的是赵炳文、陈万亨、张明、赵登官、李长福；有骆驼大小200余峰的是马礼义、马孝、马义、余福、狄大鼻子、孟德华等10余家；其他有骆驼在50峰以下的小帮驼户也不下20余家。他们当中自然也有些只有三五峰骆驼的小驼户，无力开设驼运店。但在每年春秋两季驼运业最繁忙的时候，也以个人名义几家几户搭伴，参与驼运，承揽驼道上的货物运输，他们也成了商道上运输力量的一个有机组成部分。总计关内外在奇台来往驼运货物的骆驼达1.2万余峰。[1]

四方驼队云集古城，大批货物像潮水般地涌向古城奇台这座旱码头，带来了奇台的市场繁荣，商业发达。京广杂货、绸缎布匹商贾来古城坐庄经销，农畜产品、土特产品由古城集散再转运关内。随着经济的发达，古城的各种行业，能工巧匠，商店，铺户，客栈，驼场，餐馆，糕点、烧酒作坊等也应运而生，其繁华盛况不亚于新疆省会——迪化。当时最有名的货栈是晋帮天申恒（现东街邮电局地址）、义兴隆（西大街）、恒太源（镇医院地址）、天元成（犁铧尖东），经销批发大宗货物，多系药材、京广杂货、

1　新疆通志·商业志编纂委员会、新疆通志·外贸志编纂委员会、新疆维吾尔自治区档案馆编《新疆商业外贸史料辑要》（第1辑），内部发行，1990，第48页。

绸缎之类。津帮有名气的是南北二店，南店有穆春甫兄弟春盛祥、春和祥，吴吉瑞兄弟的瑞生祥等商号；北店有义善昌、德元厚、同盛和、义长裕、文义厚等商号，专门经营由内地贩运京广杂货向全疆各地批发。

各帮、栈在古城做生意，主要靠驼运商客。有的货栈经理去郊外运道迎接，将人货迎入客栈卸掉后，"接风洗尘"宴席招待。他们对客商食宿以及买卖生意的照顾极为周到。待商客货物出售之后，客栈按件收取各种手续费。据说，当时的天盛魁客栈称得上第一流客栈，常年居住在此地的客商，经营驼运生意的约有30余人，这个客栈对常住客商还承揽或自购新疆特产，如皮毛、羊肠、棉花、葡萄干、包仁、杏干、桃皮、甘草、贝母、鹿角、鹿茸，以及南路织毯等，在秋季起场时运往内地。[1]

货站的兴隆离不开驼运商客，而驼运商客的发达从某些程度上讲，亦是离不开货栈。当时的驼运商客的经营方式，一般有两种：一、商人们根据货物集散地的市场货物情况，参照自身拥有的资本，置办自己需要的货物，存于货栈，此种货栈介于货主与驼运店之间，代办转运契约事务。具体的方法是接到货主委托转运的货物时，先按照货色单（号折）——查明货物种类数量是否与单据上开列的相符，再与驼运店签订包运契约，双方各存一份契约为凭，而后根据与驼运店所签之契约再开一联发票（即提货单）交与货主收执。到了货运目的地后，驼户与货主据货单验货。

1　马序文：《古城老字号天盛魁》，载政协奇台县委员会编印《奇台文史》（1—12辑合编本），内部资料，2015年，第305页。

驼户又到当地货栈承揽回头货。二、驼户拥有一定的资本，自行购货并运输，到达目的地后，就住在旅店或货栈里，所携带货物由货栈、旅店代售或自销。在货物缺少的时候，当地商店或私人买家会自行到旅店、货栈上门购买，常常无须出门便将货物出手了，待货物售尽后，再行置办自己需要的回头货。

奇台不仅仅吸引着内地商人们纷纷沓至向西而来，西方的商人们也被吸引着向东驶来。驼运货商巨贾不绝于路。外国的洋行也侵入古城市场，如沙俄设在塔什干的总行也将洋货运入古城，并设号经营，拉拉提哈的隆庆洋行、木在拜的大盛洋行、依米江阿吉的迪和洋行、马合苏提的吉祥洋行、姆苏鲁巴依的高昌洋行。这些洋行都大批出售布匹、毛呢、方糖、火柴、石油、搪瓷用具、水桶、铁炉、沙玛瓦等用品。[1]

古城成了当时的商埠重镇，古城的崛起又带动了周边的村镇。此时的古城每年进出的驼队的骆驼需要坐场放牧，一座城市无论如何无法存放大量的骆驼、活羊活马，而喇嘛湖梁就是特定的牧场，成了古城的后院。喇嘛湖梁，是那些经过长途跋涉的驼队下房子、卸驮子的地方。那也因此成了驼队商人与本地商人进行贸易的市场。那时奇台的贸易市场就在喇嘛湖梁，每年春秋两季都有大批内外蒙古商人来此交易。喇嘛湖梁位于奇台县城的东北方向，因梁上有一座喇嘛昭，梁下是一片草湖而得名。这一片肥美丰饶的草原，可供大批的骆驼、羊、马匹在这放牧，正因为是归

1　刘燕斌:《古城工商界的帮口》，载政协奇台县委员会编印《奇台文史》(1—12辑合编本)，内部资料，2015，第394页。

图34　鎏金铜坐佛（明代）。奇台县博物馆征集

化城到古城的卸货地，蒙古科布多的商队到此交易地，古城商人把这里称作聚宝盆。每年二三月和八九月，内外蒙古商人赶着大批牲畜载运货物，集中在这里销售，有羊毛、驼毛、奶制品、精细工艺品、银碗、景泰蓝茶具、玛瑙鼻烟壶、珠宝项链、戒指、手镯等，还有鹿茸、麝香、虎骨等药材及皮张等。四周邻县吉木萨尔、青河、木垒、巴里坤、阜康、吐鲁番、阿勒泰等地，也有大批客商车拉、马驮着商品来这里做买卖。奇台县城的小商小贩、粮行、米店、商号都赶来交易。不仅有商贩们的贸易，杂耍、卖武、烟客、赌徒也是应有尽有。[1]市场一片繁荣。蒙古人每年要在这里举行"那达慕"大会，同时有贸易、赛马、摔跤，当然还有宗教仪式。当时，喇嘛湖梁是如此的热闹非凡。如今的喇嘛湖梁已建成工业园区，进驻了天山电力发电厂、新疆金岭化工工业集团的焦化厂、蓝山屯河化工厂。曾经水草丰沛的草原，芨芨湖已成了干枯的芨芨滩。

从古城运往归化的还有棉花、羚羊角、鹿茸、枸杞、红花、贝母。在古城形成品牌的烧酒，由驼运至科布多、乌里雅苏台等处，每年七八万斤。

根据《奇台县乡土志》记载："……销售本境者：胡麻籽油，每岁约销售二十余万斤。罂粟籽油，每岁约销售四五千斤。烧酒，每岁约销售六七万斤。烟土，每岁约销售四五万两。甜酒（即黄米所造），每岁约销售五六千斤。……烧酒，由驼运运至科布多

1　马序文:《古城老字号天盛魁》，载政协奇台县委员会编印《奇台文史》(1—12辑合编本)，内部资料，2015，第306页。

图35　驼道

图36　唐代丝绸之路故道（唐朝路222团路段）

及乌里雅苏台等处，每岁约销售七八万斤。……灰面，由驼运至科布多及乌里雅苏台等，每岁约销售五十余万斤……"[1] 清朝时期，由古城运往科布多、乌里雅苏台小麦面粉、烧酒（白酒），因这些地方的驻军官兵和蒙古居民所需粮食，均需要到古城购买。其中一项就是，清政府规定的科布多、乌里雅苏台的驻军官兵及蒙古居民可以茶换粮食。古城至科布多的通道也称为"蒙食之路"。古城的商人满载着粮食和装满酒的酒篓子的驼队走向科布多。在这里卸空了的驼队，又装满采购的皮、毛，走上蒙古草地去往归化城。酒的运输是一件很不易的事，民间多用大肚细颈喇叭口的陶瓶，作为盛酒、油的容器，或用坛子装酒，但这样的器皿不便于远程运输。那时的匠人们制作了一种容量大、体积轻、坚固耐用并便于搭驮的容器——条篓，并产生了专门生产和经营条篓的商铺。王有义乳名润虎，人们都叫他王润虎，生于绥远，年轻时在家乡当篓匠，难混温饱，受雇于驼帮拉骆驼来到了古城。很快他开办一家长盛篓铺，自产自销。当时奇台的屠宰业兴起，纸坊栉比，制作条篓子就有充足的原材料，丰富的柳树条，充沛的畜血资源，廉价的毛头纸（尺六纸、尺八纸）。家乡又来了两个工匠，米云峰和彭兆祥，并招收学徒，三人开办了铺面，零售、批发，修补旧篓及出售血料。当时古城的烧酒平均年产90万斤，运销蒙古或转销俄国均为27万斤。[2] 同时销往迪化和邻县商号的"古

1　杨方炽：《奇台县乡土志》，马大正，黄国政，苏凤兰整理《新疆乡土志稿》，新疆人民出版社，2010，第45页。
2　殷宗林、王德祥：《古城条篓、木桶、驼鞍业》，载政协奇台县委员会编印《奇台文史》(1—12辑合编本)，内部资料，2015，第360—361页。

城白酒"，均使用条篓盛装，骆驼搭驮。条篓的销量日增，除了盛装酒，还用条篓装醋、酱油、油等，这种制作的条篓，能够使所存物品久放不漏，久浸不腐，也不变味，很受民间喜爱。

左宗棠时期，古城烧酒业再度兴旺起来，古城烧酒达到45万公斤，到1936年，达到70万公斤。[1]

古城酒销天山南北，近销到巴里坤、木垒、吉木萨尔、阜康、迪化等地；远销至伊犁、阿山和数千里之外的大库兰、小库兰及

图37　奇台古城酒窖遗址里的驮酒板箱和盛酒条篓。窖址位于奇台县新疆第一窖古城酒业公司内。现仅存一面砖墙，由青砖垒砌而成，墙面涂有一层白灰，全长11.8米，高2.1米，墙上每隔1.2米有固定木板的插槽，还有供人攀爬的脚窝

1　奇台县史志编纂委员会编《奇台县志·工业》，新疆生产建设兵团出版社，2009年，第165页。

西亚一带。俄罗斯人称古城酒为"古城俄得克",爱之如命。[1]如今,古城烧酒仍然是人们所喜爱的商品。奇台人说:"吾少时初尝古城酒,方知什么是酒,才对酒有了切身的感受:辣即辣,香即香,闻着香,喝着辣。青春时光渗进了新的味道——仗义,步入中老年期,返璞归真了——辣即辣,香即香,喝着辣,闻着香焉。诚一年分春、夏、秋、冬四季,美酒有酸、甜、苦、辣、香五味杂呈哦。古城酒辣与香兼而有之。"

人们共享着繁荣盛景。逢盛世香飘万里,香飘丝路的古城酒,最具代表的是"杏林泉",在众多烧坊字号之中,以其天时、地利、人和及经营有方而名列前茅,独占鳌头。在这块卧龙富祥之地,环城十五里芨芨湖,如同两条草龙横卧蜿蜒,将古城环抱其中。城南,数千眼清泉,汇成一湾清溪,穿城而过,质洁凛冽,气蒸传香。先后有十多家烧坊兴起,杏林泉、义顺隆、义和泉、宝庆泉、万兴泉、永兴泉、恒泰源、永和泉、玉和泉、天德泉、德兴隆、万和泉、大醴泉等。

古城的造酒业之所以能够发展得如此之好,与奇台县优越的条件有着极大的关系。奇台地区之前并无白酒酿造业,因此它的发展一定要依赖于外部技术的传入。山西酿酒的历史非常悠久,汾酒就是山西酒业的代表。随着新疆的统一稳定,大量外出谋生的人们沿着商道由东向西来到新疆,山西外出谋生的人沿着晋商走过的商路,进入奇台,白酒的酿造技术也随之被带来。山西

---

1 柳浪、周海山:《漫话西域名醪——古城酒》,载政协奇台县委员会编印《奇台文史》(1—12辑合编本),内部资料,2015,第399页。

杏花村，是名酒佳酿的汾酒的家乡。明高启《五禽言和张水部》："提胡芦，趣沽酒，杏花村中媪家有。""酒中君子出杏村"，清朝咸丰年间，古城有罗氏开设的"大生泉"，段氏经营的"永生泉"劲头不大，生意平平。但山西人张氏的运气来了，张氏选择在北斗宫开坊酿酒，故请匠人掘一口深井，竟然水源旺盛，水质纯净，用此水酿酒，悠清见长，入口香醇，余味悠久，堪称酒中上品。这就是"杏林泉"。[1] 从此张氏的古城酒生意兴隆，远近闻名，南来北往的商人旅客，东去西来的车队驼夫，纷纷以茶、布、皮、毛进行着易货贸易，遂使古城酒迅速外销，西运迪化、伊、塔；南出吐鲁番、鄯善；东至哈密、巴里坤，北至阿尔泰、蒙古。

北斗宫巷，曾经是山西巷、酒巷。"杏林泉"佳酿，吸引着大批的山西人云集北斗宫，先后开张的烧坊酒厂有得胜昌、万裕隆、永兴泉、杏林泉、义兴和、宝兴泉、大醴泉等。[2] 弯弯曲曲的北斗宫巷形成了以山西人为主体，以酿酒业为龙头的工商业集中地。光绪初年，奇台的烧酒作坊有13家。光绪末年，烧酒作坊已有20余家，产量达11万斤。民国初期，烧酒作坊已达30余家，烧酒产量45万公斤。[3] 春夏旺季，酒巷车水马龙，年头节下，灯火辉煌。

这样的繁荣景象中的其他行业也都很快发展起来，贩粮运粮、

1　冯万禄：《北斗宫与古城酒》，载政协奇台县委员会编印《奇台文史》(1—12辑合编本)，内部资料，2015，第405页。
2　冯万禄：《北斗宫与古城酒》，载政协奇台县委员会编印《奇台文史》(1—12辑合编本)，内部资料，2015，第405页。
3　王晓斌：《近代新疆奇台酒业发展探析》，《昌吉学院学报》2017年第2期。

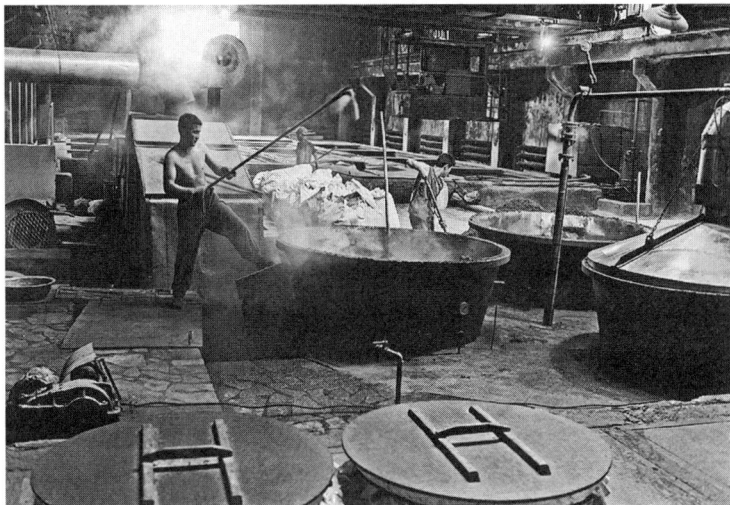

图 38　古城酒坊。奇台县新疆第一窖古城酒业（闫平　摄）

醋酱粉条、水磨旱磨、煤炭运销、客店货栈及专事蒙、哈翻译的通事等行业。专供装货盛酒用的板箱和条篓铺也发展很快。

　　清代奇台，有相当数量的商人，特别是晋商，往往以奇台为基地，活跃在当地以及东西丝绸之路上和草原丝绸之路上。特殊的交通地理位置，决定着奇台在天山北路上的特殊地位和作用。东西方物产在这里汇聚交流、交易集散。能有如此丰富的商品在这里聚散，靠的是众多商人的活动。从纳税、票引这类官引方面来说，活跃在丝绸之路和草原丝路上的民间运输商队，南来北往或东来西去的过境商人、运输商队，都要在奇台停留，为的是休整、领取去往西去的票引，这就提升了奇台在丝路商道上商队心目中的地位。从史料记载看，奇台是当之无愧的东、西经济大动脉的重要搏动站。

丝绸之路贸易上的枢纽地位，带动了奇台整个商品经济的活跃，也带动了天山北路上的城镇的繁荣。

二、茶叶贸易之风云

18世纪中后期，在新疆出现了一项带动欧亚腹地贸易的产业，而且在这一领域一百多年来一直占据垄断地位，这就是茶叶贸易。

茶，迄今为止是世界上最为普及的饮品，也是最古老的饮品之一。它出入于贤达乡野之家，其高贵者，是文人"茶酒香花诗书画"的风雅；其平凡者，是世人"柴米油盐酱醋茶"的日常。

亚洲腹地那片无尽的荒凉和深远的广袤的荒原，如此博大的荒漠戈壁，也莫过如此。然而，那些没日没夜地跋涉于这亚洲的荒漠之中的驼队和驼夫，一壶热茶对他们来说，是多么热切的愿望。烟熏火燎的帐篷里，一个铁盆圈子里燃着一堆火，火堆上煮着一壶茶，火堆旁有另外几把壶也在火边上烧着，里面的水已经开了。随着温度的升高，看热气一点点弥漫，听壶里"咕咕"地冒着泡，经火堆里文火煮的茶香飘浮在帐篷里，围着火堆，人们边聊边笑，自得其乐，小口啜饮着浓茶，看着袅袅茶烟翻腾，体会着由内而外遍及全身的暖热感，当是寒夜里的乐趣。如此率性而没有烦冗法则的喝法，也许是茶希望的方式。

中国自唐代开始，对茶叶贸易实行"官营征榷"，茶叶成为政府垄断控制的专卖商品，销茶的税课，是历代国家财政中仅次于盐业的一项重要收入。清代新疆为陕甘官茶引地，商人贩茶，由甘州茶马司（简称甘司，驻兰州）纳课领引。转运天山南北两路。茶叶是清政府垄断控制的商品，"茶引"是政府颁发给茶商的"经营许可证"。所谓"茶引"，是只准在所申请的地区售卖茶叶，茶引规定了茶商们在何地采买茶叶、运销何地。茶引由户部宝泉局统一制作，每个省预先请领茶引，缴纳茶税，每一百斤茶称为一引，茶引行销完毕之后，要在户部统一核销。

图39 余壶，驼队煮茶烧水壶。现收藏于奇台镇博物馆

清代，茶叶已经成为利润最高的出口商品，经远销到中亚及欧洲，培养起了一个稳定而庞大的消费者群体。各阶层饮茶之风日炽，嗜茶者与日俱增，风行各地。茶叶已成为这些地区的居民生活必需品，销路广，获利厚。运往俄罗斯的茶叶有两个通道，一是由归化城北去恰克图直至俄罗斯；另一条路是由归化城西去古城，经伊犁、塔尔巴哈台、中亚通达俄罗斯。

16—17世纪，中国茶叶及饮茶习俗传入俄罗斯，由于当时中俄两国茶叶交易路途遥远，运费很高，数量有限，茶叶在俄国的价格十分昂贵，这一时期茶叶成为俄国的奢侈品，大多为皇室、贵族、富商等上层阶级消费。19世纪，随着中俄茶叶贸易的频繁往来，俄国茶叶价格降低，饮茶之风普及到各个阶层。[1]他们不仅开始饮茶，而且茶叶成为他们日常生活中的必需品。一个新的巨大的茶叶消费市场开始出现了，刺激了对茶叶的需求，中亚作为连接欧亚大陆的最佳商业通道，茶叶为主的转运贸易在18世纪取代了丝绸贸易兴盛起来，往昔的丝绸之路成为一条"茶叶之路"。中亚史专家潘志平指出："一般认为，唐以后丝路逐渐衰弱了，但事实上中亚内陆贸易没有也不可能中止。新疆的喀什噶尔、叶尔羌作为亚洲腹地最大贸易城市一直发挥着作用。"运入俄罗斯的中国砖茶，受到俄罗斯人的极大欢迎。[2]

俄罗斯人饮茶的喜爱程度，在当时的历史学家瓦西里·帕尔

1　李田田：《中国茶文化在俄国的传播》，黑龙江省社会科学院硕士论文，2014。

2　潘志平：《中亚浩罕国与清代新疆》，中国社会科学出版社，1991，第79页。

申的《外贝加尔边区纪行》一书中有过生动的描述。英国驻中国领事夫人凯瑟琳·马嘎特尼，在她的《外交官夫人的回忆》中记载："……驿站里也有一个萨莫瓦尔 (茶炉)，烧开水供人们泡茶用。茶炉是用紫铜或黄铜，甚至银制造的，很大，瓮形。茶炉里添上水，由中间的一根管子或圆柱中燃烧的木柴把水烧开。这种茶炉在俄国家庭中必不可少，用它来烧水供泡茶……"[1]

西域天山南北的居民，也都极喜饮茶，茶已是日常生活中不可缺少的必需品，"以茶为养命之源一日不可断绝"，早晨以馕就着茶，就是一顿早餐，而且每家都会有一把精致锃亮的铜茶壶，烧水泡茶，以茶待客。中国的茶叶已在这些地区培养起一个庞大的饮茶群体，从内地往来新疆的驼队所运输的货物，其中最重要的大宗货物是茶叶。从北路和西路运来的茶叶先到达古城奇台汇集，再由此地分发至各地。茶叶有着巨大的利润，清政府对茶叶的管制如同盐的管制，属于政府垄断控制商品。茶叶所产生的巨大利润，不仅仅是清政府要垄断控制，而且民间商人也为利益所驱动，运贩茶叶到西域，更有俄国政府和俄国商人窥视着这个巨大的利益。西域，这片亚洲腹地卷起了茶叶贸易的风暴。

昔日的西域，曾经是催生各种梦想的地方，如今正孕育着新的商业风暴，巨额利润的诱惑掀起了随后经久不衰的中国茶叶贸易的热潮，这大概是许多人都没有预料到的。

1736—1757年，乾隆平定准噶尔叛乱。在此之前，西域与内

1 凯瑟琳·马嘎特尼、戴安娜·西普顿：《外交官夫人的回忆》，王卫平、崔延虎译，新疆人民出版社，1997，第13页。

地的茶叶贸易已经开始，但规模不大。在平定准噶尔叛乱过程中，清政府认识到茶叶的重要作用。1755年，甘肃巡抚陈宏谋奏"近接定西将军永常来文，知准噶尔最重官茶。现大兵发进，投诚甚众，功成后奖赏用茶，较银尤便"，要求将西宁贮茶拨二万封，由草地先运哈密，再运军营。[1] 同时，新疆地域辽阔，形势复杂，常年需大量军队驻防，他们"既多带家口，此外复有厄鲁特、回子等，聚处甚多，皆需茶叶应用"[2]。为此，清政府鼓励商人运茶叶进入新疆销售，以满足各族人民的消费需求，并借以缓解财政困难，解决军饷问题。这是茶叶贸易在新疆大规模销售的开始。

1759年，清朝平定新疆，新疆茶叶贸易随之兴起。不久，运销蒙古的砖茶进入天山北部销售，并且形成了一定规模，每年达7000余箱，每箱100斤计，共70万斤之巨。由于数量多，引起专销湖茶的甘肃茶司利益相关官员，如陕甘总督的反对。支持晋商输送砖茶赴天山北部销售的另一方是乌里雅苏台官员，从他们争论的结果看，乾隆年间砖茶大量运销天山北部是事实。[3]

清政府统一新疆之后，新疆重新成为中央政权统辖下的一个行政区域，政治情势的变化，促使清政府调整了对新疆茶叶的贸易政策。一是为保证西北安定满足新疆各族人民的生活基本需求，供应西北、新疆茶叶是政府应尽的责任和义务；二是新疆地域广大，需要派驻大量的军队，因此财政需求巨大。三是要把在

---

1 《清高宗实录》卷487，乾隆二十年四月癸酉，中华书局，1986年影印本。
2 《清高宗实录》卷699，乾隆二十八年十月丁丑，中华书局，1986年影印本。
3 陶德臣：《砖茶究竟产生于何时》，《中国茶叶》2018年第6期。

新疆的茶叶贸易作为扩大财政收入的有效途径之一；总之，清政府开始把经营新疆茶叶市场的权力收归己手并严格管理，从而达到满足清政府统治的需要。于是通令西北各处茶马司变以茶易马为官引茶商。左宗棠改革西北茶务以前，"设东、西两柜。东柜之商，均籍山、陕；西柜则皆回民充商"[1]，1656年起，由政府选定的这两路商人担负起了新疆地区官茶的运销职责。凡茶商若想运茶到新疆销售都必须在陕甘总督请领茶引，根据所要售卖的地区在规定的机构领取票引，缴纳足额的税款，方可赴采运地收购茶叶，前往指定的地点售卖，同时沿途还需缴纳各项杂税、厘金。

在茶税的征收方面：清政府将茶税分为征收本色（将实物茶叶作为应缴纳的税项）与折色（将应纳的实物茶叶折合成银两），这两种征法按比例共同构成清朝的茶税，而此比例在西北地区不是一成不变的。

清政府统一新疆之后，设立了官马场自己驯养马匹，茶马贸易基本终止了，因此，不需要征收大量的茶叶来交换官马，于是政府就不再征收茶叶作为茶税，而是让商人缴纳银两作为茶税。1816年，清政府又"准甘肃省茶引，每道应缴纳官茶50斤，征一成本色，其余九成均为折交银两"，也就是说，清政府对于征本色的比例是根据每年陕甘官茶储备的情况以及西北官茶的需求量酌情更改。[2] 政府对于民间茶商的管控是非常严格的，只有获得

1　左宗棠撰，刘泱泱等校点《左宗棠全集》奏稿六，岳麓书社，2014，第7页。
2　袁大化修，王树枬、王学曾等纂《新疆图志》卷三十三，上海古籍出版社，1992，第320页。

官方票引才可以合法进行买卖茶叶，凡无引之茶，或销售地与所引地不符者都视为私茶，将受到严格查处惩办。

1823年，清政府在那彦成的奏定下，确定了"新疆行茶章程"，限定了商茶的行茶地域，以行政手段来保护官茶的销售。"那彦成奏定新疆省察章程，经户部议覆，乌里雅苏台、科布多砖茶不得侵越新疆各城售卖。惟新疆既为官茶引地，商茶究有碍官引，令嗣后商民每年驮载砖茶一千余箱，前赴古城，仍照例给票，无许往他处售卖。"[1] 1824年，清政府调整了新疆的茶运。北路运售杂茶的商民，照旧运售，并且在北路总口古城，设立税局，划归陕甘总督管理，由其派人抽分课税，查验茶箱。甘省茶商则运销附茶。

1829年，甘肃省茶务责成镇迪道总司赴奇台县稽查，根据茶叶的质地粗细不同进行分类，确定不同的纳税标准。对于六种细茶白毫、武彝、珠兰、香片、大叶、普洱，每百斤纳税一两。而对于比较粗的安化斤砖则每引纳税银六钱，更粗的大砖只纳银三钱，这样可以保护茶商的利益，提高他们的积极性。茶商缴纳税课之后，政府要给发税票作为凭证，同时将商贩的姓名、茶色、斤重、税银数目，按月按季造具清册，年底汇册，上报户部稽核。所收税银则以年为单位划拨甘肃抵充乌鲁木齐经费。[2]

左宗棠改革西北茶务之前，新疆的官茶，由陕甘总督下属的

---

1 转引郭峰《清代茶叶贸易制度变迁与政府管理》，山西大学硕士论文，2010。

2 郭峰：《清代茶叶贸易制度变迁与政府管理》，山西大学硕士论文，2010。

茶马司发运，商人在运销官茶的同时还可以搭运一小部分杂茶，这种茶即为"附茶"，"由甘商运销"，[1] 商人所运一定量的正茶（售卖给新疆的军队作为易换军马或其他政府官用的茶叶）可允许附带运售一部分的商茶，在新疆各地销售，这种茶叶与晋茶所运来的砖茶相似，属于紧压茶类，现通称"附茶"。比较符合新疆地区居民的口味。由于新疆地区的居民多食肉及乳酪，而且气候寒冷，附茶虽质粗，但茶性暖，成为日常生活中不可缺少的必需品。

由票引领的官茶运往新疆主要用于新疆驻军的搭饷，少数民族上层有功之士的赏赐和卖给本地居民食用。以茶搭饷之法始于1761年，吴达善奏请"满、汉各营以茶封搭饷"。此后有关搭饷茶叶的具体数目，1764年，由伊犁将军明锐提议："每年由陕甘额调茶叶一十一万一千五百斤，存库收贮。每年将军、大臣、官兵分买，例价每斤合银一钱六分三厘二毫。此为收茶搭饷之始。"[2] 后来清政府为开源节流，防止白银外流，一直采用此法；同时缓解了甘肃官茶积滞的困境。茶叶已成为这新疆地区的驻军官兵、居民生活必需品，销路广，获利厚。虽然从财政的角度讲，新疆一直是负债经营的状况，但是，从茶叶经济角度看还是带来可观的经济效益。

地处西域的少数民族极喜饮茶，清政府对边疆少数民族的怀柔政策，其中之一，是赠送茶叶，如乾隆三十六年间，土尔扈特

1　赵尔巽等：《清史稿》卷一二四，中华书局，1977，第3679页。
2　袁大化修，王树枏、王学曾等纂《新疆图志》卷三十三，上海古籍出版社，1992，第321页。

部回归，乾隆皇帝命拨官茶二万封，出屯庾米麦四万一千石，而初至伊犁赈[1]。这一年由于土尔扈特部的回归，新疆所储的茶叶就不够用了，因此又要增加征收茶叶本色的比率。茶叶本色的比率变动，说明了新疆茶叶市场的开辟对于整个中国茶叶市场的影响是很大的。

官茶除了具有重大政治意义的用途，还具有商用，卖给本地居民食用。承运官茶的商人们在引领茶票运输时，可以自行按比例增运一部分茶叶到西域销售，这部分附茶是政府允许销售的官茶，质粗成本低，上税少，比细茶便宜很多，可谓物美价廉，深受西域的居民的喜爱。

以道光二年那彦成奏定"新疆行茶章程"中得到的证实，"新疆为甘司行引之区，久已有定界，难容私贩充斥，以致官引滞销，亏短国课"。新疆所有官茶，皆来自甘州司所颁之额引。[2] 而官茶与私茶的区别：清代甘商所运正茶、附茶，向皆"湖南安化所产之湖茶"，所以将附茶也称之为官茶，与从北路输入的晋茶称为私茶，以示区别。

司马迁说："天下熙熙，皆为利来；天下攘攘，皆为利往。"

早在甘肃官茶输入新疆以前，山西商人就已将茶叶及其他各种日用必需品，从科布多、乌里雅苏台和归化城等地输入新疆了。

在新疆这片繁荣的茶叶市场上，有陕甘商人、湖南商人，还有吃苦耐劳的晋商。左宗棠改革西北茶务时，增设了南柜。这样

1　包尔汉：《藩部要略·厄鲁特》，黑龙江教育出版社，1997，第228页。
2　蔡家艺：《清代新疆茶务探微》，《西域研究》2010年第4期。

就有了东、西、南三柜，南柜以湖南商人为主，引地在湖南。只是湖南商人所贩运的湖茶不合新疆居民的口味，另一方面，湖商不懂蒙语，雇不到驼队，长途运输靠马牛车运输难以维持，最终退出了茶叶市场。在新疆销茶的过程中，晋商几乎贯穿了整个清代新疆茶叶贸易的始终，起到了至关重要的作用。1762年，山西商帮已在西域打开了销售茶叶的局面，晋茶建立起茶叶制造、运输、销售产业链的整合，在羊楼峒、汉口制造的茶叶，在归化、张家口请领部引，借以蒙古通商之名，经由乌里雅苏台、科布多、南下古城，再分别发卖各地。而贩运来的茶叶种类也是多种多样满足不同消费群体需要，晋商由蒙古草地兴贩各色杂茶，有红梅、米心、帽盒桶子、大小块砖茶等名目[1]。输入新疆的晋茶主要的消费者是西域游牧民族。包括伊犁、塔尔巴哈台及周围哈萨克游牧区。晋商是中国近代史上非常有实力的商帮，晋商的驼队是庞大的，他们运茶入疆，回程皆自古城一带采办粮食，运往科布多、乌里雅苏台地区转售给蒙古牧民。这种茶粮周转贸易自乾隆中期以来盛行了近一个半世纪。

　　晋商茶叶销售主要市场是西北、蒙古、俄国等地区和国家，这是晋商活动的范围所在，新疆地区本是晋商的合法贩运地。新疆建省后，清政府禁止晋商把砖茶运销新疆，"晋茶运至古城，官茶号指以为私，查拿充公"，但新疆人民久食晋茶，砖茶价廉

1　袁大化修，王树枏、王学曾等纂《新疆图志》卷三十三，上海古籍出版社，1992，第322页。

物美，湖茶不受欢迎，晋商便采用走私方式继续贩运。[1] 新疆距离内地十分遥远并且一路上的自然险阻不胜枚举，在过去交通工具不发达的条件下，茶叶的贩运是一件不容易的事，辗转几千里，登山涉水，十分辛苦。晋商为了方便运输，将茶叶制成砖块状，发明了制作砖茶的工艺，并建立了工厂，垄断了砖茶的茶叶采购、制作、运输和销售整个产业链。晋商有着票号钱庄做后盾，资金雄厚，占领了西北、蒙古、俄国等地区和国家的茶叶销售市场，并为产茶地的茶市营造了一派欣欣向荣的繁荣景象。茶叶商路在晋商的苦心经营下，基本上畅通着，茶商将茶叶贩运到中亚及欧洲。

茶，成为俄罗斯人生活中密不可分的一部分，那是到了19世纪，俄国沙皇下令把茶叶列入军队供给的生活食品清单中，这个时期饮茶之风在俄国各阶层才开始盛行，茶叶真正走入了俄罗斯人们的生活。

茶叶贸易丰厚的利润，吸引着俄国商人。由于俄国人普遍饮茶，对茶叶的需求与日俱增。自然来自中国的茶叶在销路上就非常畅旺。茶叶市场的看好，给经营中国茶叶的俄商人带来丰厚的利润。据记载，俄国茶商"1839年在恰克图以700万卢布所购的茶叶，到下哥罗德市市场上卖得1800万卢布"，获利百分之一百以上。[2]

---

1 《新疆茶务情形》，《商务官报》戊申第4册。
2 邓九刚：《茶叶之路——康熙大帝与彼得大帝的商贸往事》，新华出版社，2008，第107页。

图40 砖茶。"砖茶庄"制造茶砖的方法，即置茶于蒸笼中，架锅上蒸之，蒸毕放入斗模内，置压榨器中。借杠杆之力，压成砖形，随即脱模于室内，任其自干，数日即可装箱起运

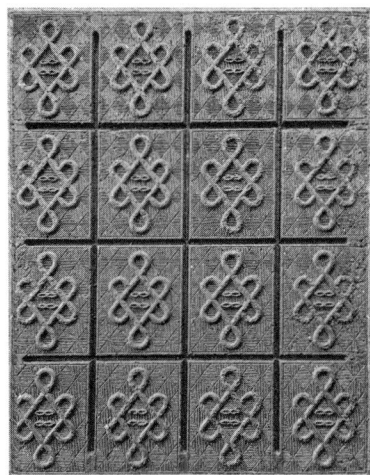

图41 砖茶的反面

1750—1937年，输俄茶叶的数据显示，俄罗斯人喜爱砖茶的程度，达到了"砖茶几乎是专门供俄国销场而制造的"。这种砖茶不是泡茶，而是和牛奶、奶油、盐及香料一起煮来当食物吃的。[1] 在中俄茶叶贸易中，俄国人握有茶叶贸易的垄断权，因此大获其利。砖茶销俄一般占到中国砖茶出口量的99%左右，甚至有的年份达到100%。

进入19世纪，俄国人在恰克图互市中要求削减来自中国的丝绸和棉布等商品，而强烈要求扩大茶叶的进口数量。茶叶在恰克图市场上成为俄商采购的首要商品。西伯利亚总督斯波兰斯基曾说过这样的话："俄国需要中国的丝织品已经结束了，棉布差不多也要结束了，剩下的是茶叶！茶叶！还是茶叶！"[2]

俄国商人不仅在恰克图做茶叶生意，他们还看到了巨大的商机，就是清政府禁止晋商贩运茶叶，而湖商贩运的茶叶不受欢迎，新疆市场出现了茶叶奇缺，茶价居高不下，驻军官兵和新疆居民无茶可饮。而这时的清政府与俄国签订了一系列的条约，如1862年签订《陆路通商章程》、1869年签订《改订陆路通商章程》、1907年签订《俄商借道伊、塔运茶出口章程》。俄商在俄国政府的支持下，利用条约在新疆洒卖、销售、倒灌茶叶，占据了新疆的茶叶市场。中国人茶叶贸易，每担出口正税2.5两，子口半税1.25两。还要缴纳沿途厘金，价格无法减低。俄国商人得到了一

1　陶德臣：《中俄青(米)砖茶贸易论析》，《中国社会经济史研究》2017年第3期。
2　《筹办夷务始末》同治朝卷五十七。

些最重要的特权，砖茶只缴纳特别税——每担6钱。[1]砖茶贸易完全被俄商控制和掌握，俄商能廉价获取砖茶，高价卖给消费者，获得厚利。晋商从茶叶市场上败下场来了。

清朝前期，新疆与俄国之间的贸易主要由中亚商人承担（中亚商人从清政府那里取得了合法贸易的权力，但俄国人没有这种权力），于是俄国商人就假扮中亚商人来到新疆从事贸易，其中的大宗贸易是把新疆市场上的茶叶转销到俄国。1797年，俄国政府颁布《布赫塔尔明斯克通商条例》，加强了与塔尔巴哈台和伊犁等地的贸易联系。1803年，俄方又自行在布赫塔尔明斯克设立了海关，该地遂成为新疆贸易的前哨阵地。但因清政府一直未正式认可新疆与俄国的直接贸易，俄方仍然只能冒充中亚商人来华。俄国商人在新疆采购的中国商品主要是茶叶，这些茶叶主要销往地区是俄国茶叶消耗量极大的伏尔加河流域和人口相对稠密的俄属中亚地区。由于从新疆到这些地区距离近，茶价比恰克图采买便宜，运输的路程也缩短很多，可以大大缩小俄商的资金周转率。于是自19世纪20年代以后，由新疆出口到俄国的茶叶迅速增加。19世纪初，俄商在新疆采购的大部分是价廉的砖茶，这是由中亚地区人民的生活习惯和消费水平决定的。随着中国茶叶经俄国转销在欧洲的普及，白毫茶的销量明显增加。

1　陶德臣:《中俄青(米)砖茶贸易论析》,《中国社会经济史研究》2017年第3期。

19世纪30—40年代经新疆输往俄国的茶叶数量表[1]（单位：普特）

年份	白毫茶	砖茶	合计
1836年	9	1411	1420
1837年	19	1008	1027
1838年	10	1136	1146
1839年	152	1727	1879
1840年	1221	1558	2779
1841年	1362	1714	3076
1842年	477	3255	3732
1843年	755	4555	5310
1844年	1222	3383	4605
1845年	2532	5515	8047
1846年	2686	8208	10894
1847年	2404	5050	7454
1848年	892	5439	6331
1849年	5160	8528	13688
1850年	11456	7614	19070

俄国商人通过建立与新疆的贸易关系，在俄国政府的支持下用各种手段蚕食中国市场，逐渐占据了贸易主动权，在这几十年的贸易过程中，俄国人渐渐了解了中国的国情，为后来俄国商人借道新疆运销茶叶回国时在新疆洒卖、倒灌做好了铺垫。

19世纪，中国，尤其是中国西北地区成了俄国及欧洲其他国家探险家和冒险家的乐园。俄国派往中国的各种名目的考察队，有案可查的就多达三四十支。主要旅行家有彼·彼谢苗诺

1　郭蕴深：《论新疆地区的中俄茶叶贸易》，《中国边疆史地研究》1994年第4期。

夫、格·尼·波塔宁、尼·米·普尔热瓦尔斯基、米·瓦·彼夫佐夫、阿·玛·波兹德涅耶夫……其中1876年、1889年和1899年这三年，俄国每年派往中国的各种名目的考察队就有四五支同时在活动。如果把百年来俄国来往我国的考察队所经过的路线画一张图，简直就是一张密密的蛛网！[1] 在新疆一些地名、动物的名称都是以俄国发现者的姓名命名的。

众多俄国考察者出版书籍，发表他们的考察成果。例如历史学家科兹洛夫，在1895—1941年所发表的关于中国的专著和文章计有60余部（篇）；普尔热瓦尔斯基也有110多部（篇）的著作发表；地理学家波塔宁一个人就发表了235部（篇）专著和文章。他在注释自己的著作时采用了中国地方方言33种来做比较研究。[2] 这种考察是一种非常复杂的历史现象，是一个掺杂了许许多多的因素的过程。地理大发现时代，探险、冒险和追逐未知的区域、地图上的空白之处，成为探险家们的梦想，亚洲腹地的未知，成为他们追梦的热潮，他们一波一波地涌向中国的西部。

《伊犁条约》签订以后，俄国人除了在我国西北方的新疆、蒙古等地的伊犁、塔尔巴哈台、喀什噶尔、库伦设置领事馆，又新增设了嘉峪关、科布多、乌里雅苏台、哈密、吐鲁番、乌鲁木齐、古城七处领事馆。这些领事馆每一个都是了解中国的窗口。相比之下，作为经常打交道的两个国家，清政府对于俄国所做的

1　邓九刚：《茶叶之路——欧亚商道兴衰三百年》，内蒙古人民出版社，2000，第152页。
2　邓九刚：《茶叶之路——欧亚商道兴衰三百年》，内蒙古人民出版社，2000，第152页。

考察几乎等于零。史料记载的一次考察是，1712年，清朝政府派使团到俄国境内慰问驻牧在伏尔加河畔的土尔扈特部。这是一次意味深长的访问，事实上在将近半个世纪的过程中，中国政府一直在为土尔扈特部的回归做着铺平道路的工作。为了实现这一愿望，清朝政府在商业方面给予俄国尽可能多的方便。俄国方面亦是如此，沙皇从中国人的行动中体会到了亲善的诚意，投桃报李。俄国宫廷从中国使团进入俄国就派人陪同直至回到北京。

土尔扈特部的万里回归惊动了整个世界，17万人的部族大迁徙，携带着所有的老弱妇孺和牛羊牲畜。当他们回到故土的时候，人数只剩下不足10万人，其悲壮其惨烈让全人类都感到震惊！从土尔扈特人身上，俄国人和欧洲其他国家的人们第一次认识到东方文化所具有的强大凝聚力，认识到这种力量的不可战胜。其实为了这次部族的回归，无论是土尔扈特部的首领还是大清朝廷都费尽了心机，为此付出的努力从康熙时代就开始了。俄国人为了商业目的巧妙地利用中国人的感情，他们从中得到了自己想要的东西，并且没有引起他人的注意。两国政府各取所需，中国人的政治思维与俄国人的商业思维奇迹般地结合在一起了。

1908年，伊塔茶务有限公司获准成立，专贩晋茶，其行销范围是以伊犁、塔城所属厅县，满汉各营和蒙古、哈萨克各部落为限。

伊犁的几任将军为茶务之事做出巨大努力，自1903年马亮至1906年伊犁将军长庚，奏请试办伊塔茶务公司，官商合办。想说服清朝的皇帝、大臣，批准在新疆成立茶务有限公司，绝非易事。

但是一个商业计划，几经转折，以及一个很有说服力的人和事，就可以成为一个全新的建议，而获得批准。伊犁将军长庚将前伊犁将军马亮提出的"新疆茶务公司"，改为"伊塔茶务有限公司"，专贩晋茶。同时，伊犁将军抓住一大优势——骆驼。因为湖南商人经营新疆官引商茶，无法雇佣到骆驼，且不懂蒙语，导致砖茶迟迟无法运到，给俄商可乘之机，俄商也赴古城领票运茶至伊犁销售。

而新疆本地有大量的骆驼和驼队，雇佣骆驼非常容易，运输方便，供给蒙哈，满汉营官兵食用，也能遏制俄商倒灌，优势就很明显了。"取道草地，直抵古城，转运来伊。"

1910年，由官商合办公司改为商办公司，官府退出。至1912年，清政府垮台，伊塔茶务有限公司也最终消失。"每一项新开拓的事业都有各自的难处。"伊塔茶务有限公司的出现，是整个清代新疆茶叶经济史上一个欣喜的事物，以新兴的集资形式成立，来对抗旧政府垄断控制的专卖，与之抗衡的是庞大的俄国商人集团，经营的公司是做国际贸易生意的。即便新疆的第一个有限公司以失败告终，但公司经营的理念是正确的，它的意义非同一般。

在新疆，驻军的官兵要喝茶，平民百姓要喝茶，已达到"宁可三日无食，不可一日无茶"地步。新疆人民喜爱晋茶的缘由：一是，由茶树的第五六片叶以及一些碎末茶经过紧压而成的茶砖，要比那些精选的叶片茶便宜，但丝毫不影响它的口感。"初煎之色如琥珀琅，煎稍久则黑如里"，砖茶为紧压发酵茶，属热性，适宜新疆高纬度、气候凉寒的自然环境。[1] 二是，在新疆地区生活的人们，多以肉及乳酪为食，"乳肉滞隔，而茶性通利，荡涤之故"，砖茶可以补充人们所需的维生素及去油腻的功效，深得西域人们的喜爱。[2]

1760年，清政府饬令乌里雅苏台将军，使"贩卖杂货、布匹、茶封之商民等，前赴乌鲁木齐贸易；将乌里雅苏台、科布多二处北路商民销剩余茶，准赴乌鲁木齐等处易换粮食"[3]。这说明"请领部票，缴纳官税"并得到乌里雅苏台将军支持的茶叶贸易，是合法贸易。

申领"部票"，并注明该商的姓名及货物数目、住所、启程日期等内容。

乾隆四十二年，准兵部来咨：归化城前往乌鲁木齐等处贸易商民，俱由副都统衙门发给票照，将该商人数明及前往贸易之部落，扎萨克旗，分据该同知详报到日，填注详细照例发给……嘉庆五年……理藩院咨行绥远将军，令将本院照票领去，发给各省民前往乌里雅苏台等处，及各蒙古地方，持票照勒限贸易。派员赴都请领，俟商民贸易完竣，依限缴销。[4]

新疆茶叶内外贸易的巨大发展与晋商的努力经营密不可分。

1　周轩、修仲一编著《纪晓岚新疆诗文》，新疆大学出版社，2006，第66页。

2　周轩、修仲一编著《纪晓岚新疆诗文》，新疆大学出版社，2006，第262页。

3　陈彬藩主编，余悦、关博文副主编《中国茶文化经典》，光明日报出版社，1999，第573页。

4　转引马星宇《"拉骆驼"：一种传统商业形式与社会组织的分析——以清末民国以来归绥地区为中心》，山东大学硕士论文，2018。

晋茶无论在对外贸易还是对内贸易中均占有明显优势。

因为北商的主体是晋商，北商运销新疆的茶叶被称为晋茶。古城奇台是南路湖茶、北路晋茶交会聚集之处，"茶商到古城，分南北两路，西南达哈什、西北尽伊犁、塔城，分入俄境"[1]。作为天山北路第一门户的古城奇台，拥有着其他城市无法比拟的交通区位优势，将中原内地和各国的商人引来投资经商，经营商铺、货栈、钱庄及旅店。资金流、货物流在古老的商路上流动着。

古城里北路茶商中晋商控制着晋茶的对外贸易。晋商除参与官茶从南路运销新疆外，还继续以华北、蒙古为根据地，将茶从蒙古草地运往新疆尤其是天山北部进行销售。这一阶段新疆茶叶对外贸易的对象主要是两个，前期以安集延为主，后期以俄罗斯为主。无论是安集延商人还是俄罗斯商人，他们都把眼光瞄向晋商，尤其是北路的晋商。

古城奇台在新疆茶叶贸易的作用极大，因自古城出发，可去天山北部伊犁及中亚，也可去天山南部乌什、喀什噶尔及中亚，它有着向南北疆散射的道路。而内地运来的茶叶可屯集在这里。1828年前后，每年运往新疆的茶叶已达四五十万封（每封五斤）。当时新疆军民的食茶仅为二十万封。多出的部分显然是作了出口贸易了。当时的浩罕国是清廷的附属国，朝廷允许其商人在中国做生意，浩罕商人将大量的茶叶运至中亚。瓦森是这样描述的："两国（指浩罕和中国）的商业是这样进行的。商队从南中国经过

1　罗迪楚：《新疆政见·新疆茶务利弊原委说略》，复印本，1912—1949。

和田来到叶尔羌，西从这里到达喀什噶尔。他们带有'黏合着的，烧不着，和砖一样形状和硬度的加了工的茶'（砖茶）、丝织品、褥子、陶器和其他种种物品。但是，茶是输入（向浩罕）的大宗。茶的消费，在整个中亚是普遍的……"[1]很形象地说明了中国的砖茶在中亚市场受欢迎的程度。

正是新疆茶叶市场的扩展，使得中亚地区的人民认识到中国的茶叶，并开始喜爱饮茶，为内地茶叶贸易开辟了新的市场。

草原丝绸之路千年来就没有断过，游牧民族一直喜饮茶。茶，早已是游牧民族的必不可少日常饮品。

第四章　博格达山的馈赠

第一节　游牧区蜕变成农耕区，荒漠变良田

1. 屯田，天山北麓的粮仓

中国古代历代王朝在经略边疆时，军粮供应及其转运都是必须优先考虑的问题。汉武帝在经营西域的过程中，为解决前线军队的军粮问题，曾在西域实行屯田，此后被历代仿效。明代为解决边地粮饷供应，采取军屯和开中法相结合之法。历代王朝经营边疆的政策，对清政府经略边疆策略产生了一定的影响。

边疆屯田，这种人类活动就会与环境产生互相影响，其中农业生产活动作为比较剧烈的人类活动，对环境影响较大。奇台地区属于西北干旱区，所处气候带是温带，光热资源条件较好，能够满足较多的农作物的光热需求，还有天山雪融水和南部山区的降水，可以满足农作物的生长过程中对水的需求。同时，农业生产能够反作用于环境，特别是奇台地区，位于西北干旱区的地区，

在干旱少雨的自然条件下，这里的生态环境比较脆弱，而农业生产活动是比较强烈的人类活动之一，农业生产活动必然会改变当地的植被和水资源状况，从而影响生态环境。

2. 天山北路绿洲城镇的发展

据考古资料得知，两汉以前，天山北路地区活跃的是塞种、大月氏、乌孙等。西汉时期，天山北路地区有了城镇的雏形，这时候是天山北路城镇的萌芽期。

汉代以后，唐、元时期，从天山北路城镇的建置可以看出，天山北路的城镇进入了形成期，出现以北庭为中心的城镇体系，周围可延伸至昌吉、奇台、玛纳斯等地。清朝光绪年以后，天山北路形成了以迪化为中心的城镇群落，其格局与今天的城镇布局大致相同。这个时候天山北路城镇布局进入成熟期。新疆的省会设置于乌鲁木齐。省下置三道，其中镇迪道下辖五县，即迪化、昌吉、奇台、绥来、阜康五县。各县城所在地相继筑城，形成了相应的城镇群落。奇台县筑建靖远城。

在清朝完成对新疆的统一之前，奇台地区是以游牧业为主的游牧区，可能只存在极少数农业农田，那时的人类活动对环境影响比较小。清政府大力支持农业开发之后，大批屯兵和民户迁入，越来越多的土地被开垦成农田，人类对自然环境的作用加剧。从此后，这里的土地开发方式发生了较大的变化，游牧业不再是此处唯一重要的土地利用方式，农业开垦占据了主导位置，进而改变了这里的地表植被和水资源分布。

清代平乱之后的天山北部地区处在一种即无城、无农业人口，也无耕地进行粮食生产的百废待兴的局面，必须将筑城置守、屯垦实边、屯田开发三者结合起来，缺一不可。

当时首批城镇居民来自守卫要塞的士兵。"在边疆地区，要塞是首批的定居点，守卫这些要塞的士兵们往往是第一批农业生产者。"[1]

清中期，驻守前线的大批将士官兵所需的粮食，如果全依赖内地辗转运输，其艰难程度可想而知，为解决这一难题清政府于西北展开了大规模的屯田活动。屯田最先开始于甘肃西部。1755年，屯垦规模扩大，垦荒的重点地区也从甘肃西部转移到了新疆的天山北麓。因为平准战争之后，西北地区的社会秩序趋于稳定，为恢复生产，开展较大规模的垦荒，提供了客观上（较为宽松）所必需的社会政治环境。而且，甘肃黄河以西地区的农业生产，受到当地自然环境的极大制约，开垦成熟的地亩随时有沙漠化或复荒的危险。而新疆农业发展的自然条件则相对优越多了。另外，还有一个很重要的深层原因。那就是，清政府在开发西北之始，除了要满足驻地军的粮饷需求，还有一个事关中原形势的考虑。内地的可耕之地基本上已是垦辟殆尽。中原地区人口的速增，导致粮食价格不断上扬。严重的粮食不足问题困扰着清廷。情势所定，开发边疆，建设边疆成为清政府的应对政策。

清代中期，天山北部地区掀起屯垦浪潮，为了安置前来认垦的民户，清廷在天山北路的各主要资源条件良好的地点都设置了

1　黄达远：《隔离下的融合：清代新疆城市发展与社会变迁（1759—1911）》，四川大学博士论文，2006。

城堡，任命了各级地方官员驻扎，在城堡内建立了官署办理各项民户屯垦的事宜，内地前来的民户大都在这些大小城堡内或就近安置下来，成为早期的农业定居点。随着大量民户的到来，大片土地得以垦殖。

平准战争结束，新疆重回中国统一的中央朝廷统治之下，清政府将经营与开发的战略重点，逐步移至天山北路，使天山北麓的生产与社会经济得以迅速恢复与发展。在此基础上，天山北麓的民屯事业和官方的哈萨克贸易，得以大规模开展。这又吸引了大批的内地商人，不远千里，纷纷涌向乌鲁木齐、伊犁、奇台、塔尔巴哈台等城市。

在新疆开展大规模屯田之初，清政府曾设想从天山西部的伊犁地区着手兴屯。但此计划不久因阿睦尔撒纳叛乱而被迫终止，随后屯垦很快在天山东部地区的乌鲁木齐开始，并在原有的哈密、吐鲁番、奇台等处屯田的基础上，由东向西推进。

乾隆年间，从内地前来的民户，相对于屯垦的绿营兵及维吾尔农民，人数还是比较少的。之所以如此，主要是因为天山北麓地区乾隆年间初定，环境还是很荒凉，汉族农民颇有顾虑，而且新疆距内地路途遥远，一般农户凭自己的力量，举家迁移困难很大，当时清政府采取了招募汉族农民前往新疆的措施。[1]

这些内地民户来到新疆天山北麓，其气候、地貌与内地相比，既有相同点又有自己独特的地方。天山北麓的气候与天山以南也

1　刘卓:《新疆的内地商人研究——以晚清、民国为中心》，复旦大学博士论文，2006。

大不相同，冬季天山北部要比天山南部和内地冷得多，而夏季要比天山南部凉爽得多。内地来的民户会觉得，天山北部的冬天和天山南部的夏天是漫长而严酷的。"其天时，则北部多寒，故晚种早收（天山以北解冻较迟，寒信独早，自播种至收获，为候不越百日）。"[1]天山北麓适宜生长优良的牧草，它与蒙古草原连成一片，整个天山北麓城市发展条件和稳定性要劣于天山南麓和塔里木盆地。

1773年，裁厅设县之后，不断"安插湖广民人，酒泉、玉门、敦煌三县民人，招移商民，互有加增"[2]。渐渐地，随着天山北麓地区农业的发展，社会经济条件的改进，这里广袤无垠的土地，对内地，特别是甘肃东部，陕西、山西诸省，甚至直隶、山东、河南的农民，产生了越来越大的吸引力，出现了自发的移迁活动。许多人背井离乡，长途跋涉，而其中又以身强力壮的单身农民居多，并且这种官方组织与农民自发的迁移活动一直持续到清末。随着时间的推移，在天山北麓地区定居的汉族拓荒者数量逐渐增多。当然这些拓荒者来到这片土地的时候，这里还是一片荒芜，天山北部地区经过大规模战争之后，破坏严重，已成废墟焦土一片。他们渴望在这里能劳有所得。

奇台的发展速度是惊人的。到晚清时，人口达到1640余家，泥木铜铁成衣剃发一切工匠300余家，大小贸易商号690余家。

1　王树枏纂修，朱玉麒整理《新疆图志》，上海古籍出版社，2015，第540页。
2　阎绪昌、高耀南、孙克祖：《镇西厅乡土志》，马大正、黄国政、苏凤兰整理《新疆乡土志稿》，新疆人民出版社，2010，第101页。

奇台的土壤肥沃，而且作物生长周期也长。农民的数量持续增多，他们有越来越多的富余产品拿来交易。像小麦这样在奇台长势很好的作物，走向了广袤的草原，富余的小麦磨成面粉卖到蒙古草原和哈萨克草原，换取皮毛、牲畜。奇台有了自己的商业阶层，商业活动遍及内地和中亚地区。道光初年，清人描述下的古城中转市场流通范围为："（古城）地方极大，极热闹。北路通蒙古台站，由张家口到京者，从此直北去。蒙古食路，全仗此间。口内人商贾聚集，与蒙古人交易，利极厚。口外茶商，自归化城出来，到此销售，即将米、面各物贩回北路，以济乌里雅苏台等处，关系最重。茶叶又运至南路回疆八城，获利尤重。"[1]可见古城商业至繁盛。

清政府大力推进屯田事业发展，鼓励商人在新疆置办产业，成为民屯中的商户。在古城、哈密、巴里坤的内地商人，有一个突出的特点，就是在贸易之外，同时出资认垦土地，发展农业生产。这里的农业发展条件也确实得天独厚，土壤沃润，泉甘水清，树木繁茂，田土广博，以乐土而见称。商人趋利，所以看好这个地区的农业发展前景，自然会投资于此，开渠引水灌溉耕田。古城商人苗友等30人呈称："穆垒田广土肥，情愿开渠引水，认垦荒地，并自购籽种、牛只、农具。""查该商民等携资贸易，系有工本之人，请饬巴里坤镇臣，给予执照，令其认垦耕种。"[2]

天山北麓屡遭兵燹，经济凋敝，而且，天山北麓本来就地广

1　方士淦:《东归日记》,中国国际广播出版社,2016,第24页。
2　《清高宗实录》卷801,乾隆三十二年十二月乙丑,中华书局,1986年影印本。

人稀，农业生产落后，"千里空虚，渺无人烟"，所以清朝政府很自然地将农业开发的重点集中在天山北路。为了改变天山北路人烟稀少、劳动力缺乏的局面，从乾隆朝起，清政府大力倡导和组织各种农业人口向天山以北地区迁徙，随着农业人口的大量流动，多种形式的屯垦活动在天山北路相继开展起来。新疆兵屯始于康熙末年，初行于哈密、巴里坤、吐鲁番等地区，不过这些屯点持续的时间并不长久，先后裁撤。清政府大规模抽调内地绿营官兵前赴新疆屯垦，开始于1757年春，从陕甘地区出发的200名绿营兵丁，在千把二员的带领下到哈密的塔勒纳沁设屯。5月，定边将军成衮扎布以吐鲁番"直通伊犁，兼于各回城生息相同"，遣其所领绿旗兵丁于该地从事耕作，"种大小米二千三百四十余亩"。[1] 次年，清政府派出1000名官兵前往巴里坤建屯。1758年，乌鲁木齐正式开屯，屯兵500名，屯地8000亩。

清廷对前来屯垦的民户的安置重心在不同时期有所不同，大致可以分为三个时期：1761年—1766年，是以乌鲁木齐地区为主，包括昌吉、罗克伦、阜康等地；1766—1772年，是以奇台为中心，包括木垒河、东西吉尔玛泰、东西葛根、吉布库、更格尔等地；1777年以后，在全面安置的同时，着重充实乌鲁木齐以西的呼图壁、玛纳斯等地。

1755年，奇台的种植业有了很大的发展，"新疆既驻防大军，分据要害，然驻兵需饷浩繁，疲敝国力，耗中事边，势难持久。

---

1 《清朝文献通考》卷11《田赋考·屯田》，新华书局，1963。

且粮食马驼牛羊为军队必需之品，不可一日缺乏者也。而新疆土壤肥饶之荒野既多，水草丰美之牧场又广，故兴屯田以裕军食"[1]。而奇台中西部地区"山环水绕，草场肥美，牧畜尤旺"[2]。奇台是天山北路的重镇，故此成为清朝乾隆时期天山北麓屯田的重要地区之一。

通过一系列的屯垦实边政策的实施，通过户屯、遣户屯、兵丁为民屯、商屯等方式，清政府使这些人从不同的地方汇聚到奇台来，促进了奇台人口的快速增加，并在奇台从事农业开发，开发的地域明显扩大。

1766年，兵屯、屯田向西发展，清政府开始在木垒的东吉尔玛太（今木垒县西吉尔乡一带）进行屯田，当年垦地2440亩。1767年，屯田西进到奇台（今老奇台）、西吉尔玛泰，种地10000亩，种植小麦和青稞。1768年，屯田再向西到吉布库。1769年，屯田进展到东葛根。1777年，古城屯田12100亩；吉布库屯田3300亩。这些是兵屯。

还有民屯。自1767年，清政府从甘肃张掖招募民户300户，1000余人到木垒、奇台屯田。到1775年，奇台有民屯屯户1994户，6824人，屯田73495亩。至乾隆末年，奇台、宜禾有屯田259892亩。这时奇台的屯田规模已经很大，与巴里坤、哈密、木垒成为四大屯区。此后，一直坚持屯田数年。同治之乱，奇台屯田遭到很大破坏。1871年，乌鲁木齐都统景廉率清军马步六营，从巴里

1　曾问吾：《中国经营西域史》，商务印书馆，1936，第274页。
2　方士淦：《东归日记》，中国国际广播出版社，2016，第24页。

坤进驻古城，并于古城、奇台、济木萨、木垒河一带，广兴屯田，招募贫苦农民屯田。奇台和巴里坤、哈密、济木萨、布伦托海、塔城一线的屯田生产，对于清军长期坚守和收复新疆，发挥了十分重要的作用。[1]清代，虽然人们居住的中心地带在中部平原一带，但是人们的活动范围却遍及全县境内，这是农业开发的直接结果。农业开发促进了人们在全县范围内活动。

1767年以来，召民屯垦，已开辟良田34000多亩。木垒英格布喇和东、中、西泉等处，有商民种田数千亩，奇台的东葛根、吉布库官民屯田一万多亩。该地区屯田的人民生齿繁衍，扶老携幼，景象和平安定。[2]奇台地区种植业的开发已形成一定规模。到1864年，农作物种类主要是豆、麦、糜谷、油菜等，耕种方式是传统的旱地耕作，手撒种、牛耕地、马耱地。到同治之乱之前，奇台已是富庶之区。

至1875年，新疆战事平息，刘锦棠上奏将西征各军中老弱者以及愿留居驻地者裁汰，组织军屯，奇台地区绿营兵屯数量大增，在奇台古城周边四乡实行军屯，开渠引水，疏浚旧渠，开垦荒地，树艺耕种，种植谷粟，培植蔬菜，发展农业生产，一直坚持数年。奇台地区的头屯、二屯、三屯、小屯、军户等地即因之得名。[3]

---

1 奇台县史志编纂委员会编《奇台县志·屯垦》，新疆生产建设兵团出版社，2009，第108页。
2 新疆社会科学院历史研究所编《新疆简史》（第一册），新疆人民出版社，1980，第296页。
3 奇台县史志编纂委员会编《奇台县志·屯垦》，新疆生产建设兵团出版社，2009，第108页。

在开办军屯的同时，清政府还在奇台地区实行民户屯田。
1872年，巴里坤人郭凤贤奉命秉政奇台，"是时戎马仓皇，户众
逃亡殆尽，兼之大兵云集，待食孔殷。郭凤贤召集流民，安插
耕种，并发给牛、粮、种子。是秋收成丰稔，军民赖以相安"[1]。
1874年，景廉有奏请从陕甘各州、县招募民人1000户，分居奇
台古城等处，以实边地。措施实施后，陆续有陕甘民户迁入奇台
地区。至1878年，从陕甘各县招募的贫民、游民、无业者共有
1994户，6824人在奇台各地开荒屯种。1878年，陕甘总督左宗棠
派人到奇台地区查看屯田事宜，返回后奏报称："奇台地区军屯与
民屯所产之粮，除供本地军民食用外，每年尚有余粮五六千石。"[2]
奇台、巴里坤、济木萨同为北疆产量大县。实施屯垦的户民多是
劫余之难民，出关的流民，或退伍的士兵，在奇台可获得温饱或
获利，故此来奇台地区屯垦的民众日益增多。奇台县所辖在籍人
口逐渐增多，垦种范围也就越来越大。1887年9月，刘锦棠将散
居于巴里坤、乌鲁木齐两地的绿营官兵1040人迁并古城，按六旗
分设，屯垦戍守。1888年，又迁乌鲁木齐、吐鲁番、巴里坤满营
官兵及眷属一万余人至古城屯田，在古城的东湾、中渠、达坂河、
西岔一带，拨地两万亩给满营官兵屯种，自耕自食，无须缴纳税
赋。奇台每年所产粮食除本地食用外，还销往科布多、乌里雅苏
台、阿尔泰山等地。

1 杨方炽:《奇台县乡土志》，马大正、黄国政、苏凤兰整理《新疆乡土志稿》，
新疆人民出版社，2010，第32页。
2 转引张军华《清末民国时期奇台地区社会生活研究》，新疆大学硕士论文，
2011。

光绪末年，奇台地区罂粟种植规模之大，人数之多，盛极一时。到了民国初年，在杨增新的禁烟令的严管下，奇台县知事郑有叙厉行禁烟要求，犁翻烟苗，没收烟籽，严厉查处烟贩，整治吸食者，奇台地区的罂粟种植、烟土贩卖、鸦片吸食的猖狂局面得到控制。此外，郑有叙按照杨增新的指令，组织民众修缮、疏浚了洞子沟渠、中渠、西渠、吉布库渠、永丰渠等灌溉体系，安户兴垦。水利设施的兴修，对奇台地区民国初年农业的恢复和发展，安定民生起到了重要的作用。

奇台的地理环境特点就是处于农牧结合带的草原地貌，这样的地理环境十分适宜畜牧业的发展。

"田畴商贾皆在古城……人民殷富，不异中土。洪姓天津人，商贩，来此三世矣。养马一万六千匹，牛五千，羊万余，驼二三百头。河两岸草地牧马，绵延数十里，皆洪所畜也。庚子之乱，天津人失业迁此者三百余户，皆依洪而来，穷荒竟有此富民候。"[1]

1879年，奇台地区社会渐趋稳定，哈萨克、乌兹别克、塔塔尔等游牧民族相继迁入，关内迁来的一些汉族也从事牧业生产，加上奇台地区原有的蒙古族牧民，成为这一地区畜牧业的主要力量，主要分布在南山山区和北塔山一带。新疆建省后，为满足驻军所需马匹，开设了古城马厂，牧放于奇台南山一带。

至民国初期，杨增新曾在奇台地区大量安置从科布多流入的

1　裴景福:《河海昆仑录》，中国国际广播出版社，2016，第275页。

蒙古族牧民，阿尔泰地区迁来的哈萨克族、乌孜别克族牧民迁来时，一并将牧放的马牛羊等牲畜带入奇台地区，加之奇台驼运业的兴盛，回、汉住民大量养殖骆驼，导致奇台地区的畜牧业生产呈扩大、增长趋势。1915年2月，"奇台县南山农民向省政府控告俄商德盛号等十余家洋行将白杨河一带民间山场熟地占有，纵放牛羊马匹十余万"[1]。至1928年，奇台地区有南山、三马场、北塔山的牧场，畜牧业生产在范围、数量上都有增长，所产牛皮、羊皮、羊毛、驼毛通过驼运销往归化。这一时期奇台地区畜牧业的增长，是由于该地区大量的游牧人口的迁入。

农耕民人的眼中奇台是山环水绕，土地肥美，宜禾宜黍。可获得丰硕的粮食。游牧民族所看到的是绿野如云，水草丰茂，牧畜繁盛，生活安逸。不得不说，奇台这片草原地带是农耕区和游牧区均适宜的地带，使得生活在这里的人们热爱它、珍惜它。

古城先于草原脱离游牧进入农耕生活，随着时代的变更交替，古城变成了一座现代化的城市，在这个漫长的过程中商业和交通的繁荣，无疑成为这座城市崛起的托手。

第二节　农耕民族眼中的天山北麓

天山北麓是一个狭长的地理地貌，南倚天山，北枕准噶尔盆地中的古尔班通古特沙漠，适宜于人类大规模居住的地方只有几

1　新疆维吾尔自治区奇台县史志编纂委员会编《奇台县志·大事记》，新疆大学出版社，1994，第22页。

十到上百公里，清代以前这里是农牧交替地带，人类的各类活动多集中在这里。匈奴、回鹘、蒙古等几次大的迁移路线也是从阿尔泰山一带南下，到达今天的奇台、济木萨一带，然后沿天山北麓西移。

天山北麓的绿洲多分布在山前倾斜平原冲积扇、冲积平原沿河两岸的淡水湖湖滨等地。而以游牧业为主的人们，则生活环境相对开阔，一般绿洲环境的外围，一些高山草甸、平原荒漠地带都适宜游牧民族的活动，新疆草原文化内的民族，一般流动性很大。一年四季分别在高山草甸、平原、荒漠之间流动，也就是转场。

天山北麓的水汽来源有两个方面，一是大西洋的湿润气流通过对流层上部到达这个区域的上空，水汽遇到高山而产生一定的降水，这主要是在伊犁河谷地区；二是北冰洋干冷的气流，虽然含水分量少，但也可以在天山北麓产生少量降水，降水量由天山北麓的西部向东部逐渐减少。整个天山北部的水资源就是高山区汇集的径流，由南向北流经整个天山北麓的绿洲地区。

天山北麓的几十条河流均发源于天山，北流或湮没于沙漠，或在河流的下游集成尾闾湖。河流水量、湖泊水的多少直接关系到绿洲的人口供养情况。所以，在生产力不是很发达的情况下，人们的理想居住地就是河流沿岸、湖泊周围以及山前泉水溢出地带。[1]奇台地区的河流有：博格达山区河流、平原区河流、北塔

---

1 阚耀平：《近代新疆城镇形态与布局模式》，《干旱区地理》2001年第4期。

山河流、湖泊泉水、地下水及博格达山脊的冰川消融水等。

发源于博格达山区的河流有：白杨河、根葛尔河、达坂河、碧流河、吉布库河、宽沟河、中葛根河、新户河、开垦河。

平原区河流：东地泉水河、西地泉水河、奇台镇东泉水河、小屯泉水河。

北塔山河流：乌日木布拉格河、金西克苏河、乌拉斯台河、大锡别特河。

湖泊：奇台境内的天然湖泊均发育在博格达高山区，为冰水湖，大大小小约有14个，总面积70万平方米。

泉水：在博格达山区泉水点180个，北塔山区泉水14个，卡拉麦里山岭出露泉水25个。[1]

北疆虽然由于有北冰洋冷气流带来的降水，但降水量还是比较少，满足不了农业灌溉的需求，农业用水主要靠水量比较充足的河流提供，天山以北的水系都是顺山地地势下流的河流，发源于博格达山向北流的诸河，它们灌溉了奇台地区的绿洲。清代以前，居住在天山北麓的人们，不管是农耕还是游牧，均属于依赖性利用。水资源可以满足人们的需要。

另外，地形对农业生产意义非同小可，奇台地区的地貌类型可分为南部山区、中部平原、北部沙漠、东北部山地丘陵四大部分。南部山区地势较高、中部地区海拔比较低，这样形成的水资源：一是雪融水自天山而下，穿过南部山区和中部平原，是中部

1　奇台县史志编纂委员会编《奇台县志·自然环境》，新疆生产建设兵团出版社，2009，第67页。

平原地区的重要水源；二是自北部来的北冰洋水汽遭遇天山山脉的阻挡、沿着山脉不断上升，形成的降水，给南部山区带来降雨，降水量小。因此，奇台地区的农业生产用水主要依赖于河水。河流的存在对降水较少的中部平原区的土地意义重大。

清朝的平准战争胜利后，为了保证军队的需要，急需在天山北路一带实行屯田。1759年，范时绥曾上奏请招民屯垦，因新开辟的疆土，急需要开垦种粮，以抵所需的军饷。[1] 天山北路的山前冲积扇一带地势平坦，土地肥沃，水资源丰沛，特别适宜农业生产。而且，战后的天山北路一带地广人稀，招募可耕之民，成为当时清政府需实施的一项重要事宜。汉族是以农业生产为主的民族，而当地又缺少可以进行农业生产的汉人。清廷决定从内地大量招募可耕之民入疆，则命令甘肃、陕西、四川等省官员"广为招徕"，对他们以官方资送、租给农具、划拨土地、提供籽种、提供口粮等多种优惠政策，鼓励内地的无地和少地的农民前来从事屯垦，吸引了大批民户进疆。纪昀在《乌鲁木齐杂诗》中称民户为："由内地招募耕种，及自塞外认垦者。"他们通过有组织的或者自流的方式，陆续来到天山北路地区进行屯垦。招募到的民户在前往天山北路地区的过程中，均由官方供给所需的车辆、口粮、衣服等，并由官员亲自照料起程，使赴疆的过程得以顺利完成。1777年，清政府规定，资送费用减半。1780年，镇番、平番、中卫、静宁诸县数百户民人恳请携眷赴新疆落户，清廷下令，"向

1　转引阚耀平《清代天山北路人口迁移与区域开发研究》，复旦大学博士论文，2003。

给一半之数，再减一半赏给"，并规定"至将来四五年后，此等闻风愿往户民日多，即此等再行减半之数，亦毋庸给发不过官为查照存案，自行前往而已"[1]。官方资送的标准随着迁移人口的增加，供给的优惠条件逐渐减少，以至于到1785年以后，基本停止了官付资费，任凭民户自行前往。对于已到达目的地的户民，清廷安置的措施也较为优惠，一律代给生产工具，代建房屋，使其安心从事农垦事宜。甘肃是距离新疆最近的地区，入疆之初，在陕甘总督的协调下，主要从甘肃的安西、肃州、甘州、凉州所属州县招募贫苦民众，对于到达的民户，清政府一律"每户丈地三十亩，官借牛一只，每亩借给籽种一斗，自春耕日起，至麦秋止，每日借给口粮二升"[2]。使初期入疆的民众能够得到基本的生活和生产保障。所有口粮、籽种等均由政府借给，等他们收获有余令时其缴纳归还。头三四年窘迫的生活令人同情，但他们耐心地承受着苦难，非常乐观地去对待一切考验。有了土地，就能克服一切困难，他们更喜欢这种生活方式，获得自己的富足生活。

1864—1870年，经过两次大规模的战事的破坏，天山北路到处呈现出一片荒凉景象，左宗棠在奏稿中称，天山北路的"汉回死丧流亡，地皆荒芜。近惟奇台、古城、济木萨商民、散勇、土著民人聚集开垦，收获甚饶"[3]。1876年，左宗棠收复新疆，率军击溃阿古柏的力量，大军所到之处，一面招抚流民，一面组织

---

1 《清高宗实录》卷1098，乾隆四十五年二月丙子，中华书局，1986年影印本。
2 《清高宗实录》卷928，乾隆三十九年三月癸亥，中华书局，1986年影印本。
3 左宗棠撰，刘泱泱等校点《左宗棠全集》奏稿六，岳麓书社，2014，第649页。

民众，恢复农业生产。清军每收复一地，他都要强调招集"土、客民人及遣散勇丁，领地耕垦"，使农业生产得到了一定的恢复。新疆建省后，农业生产取得了快速恢复，民人回归土地，所垦之地得到了部分扩展。建省之初镇西厅"兵民垦熟之地五万余亩，奇台民垦之地九百余亩，兵垦之地六千六百亩"[1]。到光绪末年，这个地区的人口规模再一次上升到一个新的高度。

清朝乾隆时期大规模的招募民人一直到清末，中华文化通过清朝重新统一新疆的方式，再次大规模地进入天山北路草原带，这次整合的结果直接使天山北路草原带的文化发生巨大变化，以游牧为主的生产方式被以农业为主的生产方式所取代。清朝的大规模屯田，使平原地带适宜于农业生产的地方全部变为农业区，游牧业向山区紧缩，成为社会经济中的次要地位。20世纪80年代开始，随着联合国粮农组织的"2817工程"的实施，以游牧生活为主的民族逐渐放弃游移。

在清代大规模的屯垦实边以前，整个天山北麓属于草原带的范畴，以游牧业为主要生活方式；清代大规模的屯垦实边，特别是大量农业人口的会集，在整个天山北麓兴起了农业开发的浪潮，巴里坤、奇台、乌鲁木齐至伊犁一带到处都是农业生产的格局。人们看到这里已经成为优质粮仓，平原上无边无际的广袤的农田，相当肥沃的土地，非常适合大规模耕种高产作物，比如优质的小麦。这泛着金色麦浪的广阔土地养育着这里的人们，还吸

1　曾问吾:《中国经营西域史》，商务印书馆，1936，第390页。

图42　奇台县刀条岭上万亩旱田（闫平　摄）

图43　粮食丰收。奇台的优质小麦（闫平　摄）

引着周边的人们来到这里。

奇台地区在乾隆后期就有了"新疆北路粮仓"之称。奇台的小麦还供往科布多、乌里雅苏台、阿尔泰山地区。因此，奇台的磨坊也因各地对粮食需求的增加而扩展。古城里有一条穿城而过的河流，因其上多水磨，得名"水磨河"。1888年，"乌鲁木齐、巴里坤、吐鲁番三地的满营官兵及眷属一万余人迁至古城后，由清廷出资白银四千两，在水磨河上修建了两处水磨"[1]。原为供给满营官兵及眷属口粮所设，后来因古城居民、商户大增，至民国初年，转为商营水磨。清末民初时，水磨河上还有两处磨坊，一是满人多凌经营的"裕丰水磨"，有水磨两盘；另一是满人卢宪瑞管理，后由苏庆武经营的"永昌水磨"，也有水磨两盘。这些水磨都是用水力推动木制平轮，以带动磨和箩运行，而添料、收面等工作，仍由人工操作。当时人们把这种水磨叫作"当当磨"。这种水磨优于旱磨，把磨面的过程由牲畜作为动力、全手工操作推进到以水为动力、半机械操作的程度，是磨坊生产在技术上的一大进步。

20世纪30年代，奇台的磨坊生意利润丰厚，吸引了很多商民改行经营磨坊。各磨坊主为提高面粉产量和质量，纷纷引进机械化生产技术，改革旧的生产方式。各磨坊均采用两水槽并列的方法，将木轮改为铁轮，以水流冲击铁轮为动力，使两台水磨同时运转，下扇磨盘固定，仅让上扇磨盘转动，增加摩擦力，提高了

---

1 新疆维吾尔自治区奇台县史志编纂委员会编《奇台县志·大事记》，新疆大学出版社，1994，第20页。

面粉质量。将人工上料改为木制提升器自动上料，将平笸筛面改为圆笸筛面，减轻了劳动强度。这种改良后的水磨被称为"洋水磨"。20世纪40年代，因水磨磨面产量高、质量好、见效快、获利多，于是原先合伙经营的磨坊主分伙自建水磨，原先经商的也改投资兴建水磨。此时，水磨河沿岸，从上游到下游，修建的水磨坊比比皆是。这时候是奇台水磨业发展的黄金时期，水磨河上共建有28家水磨坊、43盘水磨，每昼夜加工小麦150石（约3.38万公斤），每年可生产面粉1233万公斤。[1] 随着人口的增加，产量的提高，销售量和销售范围不断扩大，内销主要是供应本地居民、饭馆、食品加工厂、酿造坊、商号货栈等；外销除邻县外，还供给阿尔泰、富蕴、南疆各地、科布多、乌里雅苏台等地。

这是一个以农业为主导经济，土地是财富的根本的时代。在一些土地资源缺乏的内地省份，几十亩优质农田就能让一个人发家致富。奇台地区的土地资源可以说非常丰富，这是它的一大优势。粮食的富足，不仅使得本地居民衣食无忧，还使得周围地区的人们受益。

今天的水磨河依然奔腾流畅，比我想象的壮观，沿河流的中央，耸立着十几个高大的水车轮，像订书针一样密集排列，哗哗的流水使水车转动着，磨盘下面像银子一样，面粉款款流出，收进筛子装入袋子。水磨河仍然是活的河流，岸边是市民活动最好的场所。岸边的三组骆驼驼队的塑像，形象逼真，结构精细，领

1　奇台县史志编纂委员会编《奇台县志·工业》，新疆生产建设兵团出版社，2009，第163页。

头的骆驼，除了驼鞍上的货物，左前部挂着一个银锡壶，左后方挂着一个煮茶烧水的壶。一个城市有这样一条仍旧在呼吸的河流，对生活在这个城市的人们而言就是一条连接的纽带，它带给周遭的凝聚力和亲和力是无形的。奇台的步行街、饭馆市井气息沉着安静，不疾不徐，稍有喧嚣。水磨河边上的唐朝墩古城，带我们走进一千多年前的奇台……

第五章　远去的驼铃

古代世界远比我们想象的复杂，其中千丝万缕的联系更不为我们所知。它充满生机，竞争进取，成熟高效，精力旺盛。一条布满天山北麓的城镇区域带，形成了一条跨越东西连接中原与西域的商路，连接着与新疆紧密相连的中亚地区。这片土地一直以不同的方式占据着世界历史上的枢纽地位。从古至今，各种思想、习俗和语言都在这个连接东、西方的熔炉里相互碰撞。

1905年，俄西伯利亚大铁路全线通车。这是一条从中亚到西伯利亚的铁路，此线形成一大弧形环绕新疆外廓长700余公里。这条铁路的完成，完全改变了苏俄进出新疆的运输。新疆三大边境商埠喀什、伊犁、塔城均开有公路与该铁路相通，而且公路良好。[1] 苏俄利用此线大量运输货物于中俄间，相对于内地驼运或汽车迟滞、损失多而运费大、数量少，铁路运输安全、快捷、廉

1　龙小峰:《清中期至民国交通线的变化对奇台商业经济的影响》，《兰州学刊》2012年第4期。

价。新疆市场迅速为苏俄垄断。新疆与内地商务往来一落千丈。[1]
奇台作为内地与新疆商贸交通的枢纽地位，由于新疆与内地市场
的逐渐分离而不断遭到削弱。

奇台城镇商业经济的兴衰与交通线的变迁存在着密切的对应
关系，其商业的发展肇始于清政府在平定准噶尔过程中内地商人
沿军事交通一线向清军销货。清代中期东疆交通线由于小南路的
开辟，古城兴盛起来。光绪初年后更是进入了鼎盛时期，到民国
初年古城已被定为天山南北和蒙古西部的中心市场。

20世纪20年代，入疆的交通线再次发生重大变化，先是
1924年后"大草地"路的断绝；又有1931年后，因马仲英部窜入
新疆和日军进攻内蒙古，导致新绥之间贸易再次中断，"小草地"
的繁荣也就此结束；再是国民政府于1938年沿清代南路由哈密经
鄯善、吐鲁番、达坂城至乌鲁木齐修建的甘新公路；再后来是解
放后建成的兰新铁路线基本沿南线公路修筑，使北线几乎完全失
去了贸易运输的价值，奇台商业开始转衰，商业活动渐趋萎缩，
至兰新铁路建成后，奇台商业中心地位已完全失去。

在过去的30年里，中国的交通枢纽和运输干线取得了大规模
的扩张，大量的投资用于建设横跨欧亚大陆的铁路，长达7000英
里的渝新欧国际铁路已经通车。可以从中国一直通到德国的杜伊
斯堡附近的物流中心。半英里长的火车在一个方向上运送的是笔
记本电脑、鞋子、衣服等不易腐烂的货物，而在另一个方向上运

---

1 曾问吾：《中国经营西域史》，商务印书馆，1936，第684页。

送的则是电子产品、汽车配件和医疗设备。整个旅程只需16天，远远快于从中国太平洋港口出发的海运航线。有人预计，这一耗资430亿美元的铁路建设项目，将使得火车货运集装箱的数量从2012年的7500个，增加到2020年750万个。[1]这还仅仅是个开始，更多的新线路将会启动建设。

铁路的网络早已突破了国界的束缚，把中国与世界连成一片。

图44　奇台县城北的"北山道"路旁的农田和梭梭林，在沙丘上人工种植的梭梭防风林，林带下是农田

出古城去西地，看到路两边的农田等待着播种，路的东边，有一片一片梭梭林。作协主席王晨告诉我们，这是1996年人工种

1　彼得·弗兰科潘：《丝绸之路：一部全新的世界史》，邵旭东、孙芳译，浙江大学出版社，2016，第442页。

图45　奇台县将军戈壁。这里有座将军庙，为纪念唐朝的一位将军而建，该地区因之名将军戈壁

植的防沙林带，是全县人民治沙防沙的成果。1980年，西北湾公社柳树河子大队、西北湾公社牧场、西地公社桥子大队和沙山子大队在沙漠边缘营造了14.5公里的环村防风固沙林带。到1985年，奇台县已有农田防护林总面积8287亩，基本形成了乔、灌、草、带、片、网的防护林体系。沙丘被梭梭林挡住了，农田就在沙丘的脚下，依然是我们赖以生存的粮田。在我国第二大沙漠——古尔班通古特沙漠东南边缘建成了一条65公里长，3—5公里宽的人工治沙林带与20余万公顷天然荒漠林，封育管护相结合的沙漠化防止体系，遏制了沙漠移动的步伐。

　　沿着地平线逶迤而去，在一望无际、平坦如砥的戈壁沙漠上，

图 46　将军戈壁恐龙沟。距今约 1.4 亿年的侏罗纪，亚洲最大的恐龙化石，"将军庙单棘龙"长约 30 米，高约 10 米，重约 50 吨，就发现于新疆奇台县境内的将军戈壁。1928—1931 年，中瑞联合西北科学考察团以地质学家袁复礼教授为首的考察队，在准噶尔盆地天山北麓一带工作。在奇台县发掘、采集到的恐龙、水龙兽、二齿兽化石 80 吨。较完整的有 72 具，其中有 7 个新种，"奇台天山龙"是其中之一

图 47　石城子北城墙。疏勒城在今石城子遗址，位于半截沟乡麻沟梁村，建于车师国石城旧基上，东汉时为戊己校尉城，耿恭曾经率众在此抵御匈奴围攻。北墙长约 280 米，西墙残长 155 米，东墙残长 140 米

一层薄薄的蓝色尘霾，弥漫在地表，并不时闪着微光；一长串骆驼，不紧不慢、摇摇摆摆地在这漫无边际的荒原中行进着，给人以一种时空无垠无序的感觉。

主要参考文献

1. 政协奇台县委员会编印《奇台文史》，内部资料，2015年。

2. 奇台县史志编纂委员会编《奇台县志》，新疆生产建设兵团出版社，2009年。

3. 杨方炽：《奇台县乡土志》，马大正、黄国政、苏凤兰整理《新疆乡土志稿》，新疆人民出版社，2010年。

4. 纪大椿、郭平梁原辑，周轩、修仲一、高健整理订补《〈清实录〉新疆资料辑录》，新疆大学出版社，2017年。

5. 丁笃本：《丝绸之路古道研究》，新疆人民出版社，2010年。

6. 方希孟：《西征续录》，中国国际广播出版社，2016年。

7. 裴景福：《河海昆仑录》，中国国际广播出版社，2016年。

8. 方士淦：《东归日记》，中国国际广播出版社，2016年。

9. 袁大化：《抚新记程》，中国国际广播出版社，2016年。

10. 祁韵士：《万里行程记　陇蜀馀闻》，中华书局，1985年。

11. 张大军：《新疆风暴七十年》，兰溪出版社，1980年。

12.谢彬著，杨镰、张颐青整理《新疆游记》，新疆人民出版社，1990年。

13.王治来:《中亚通史（古代卷）》，新疆人民出版社，2007年。

14.刘文海:《西行见闻记》，中国国际广播出版社，2016年。

15.王炳华:《解密吐鲁番》，浙江文艺出版社，2012年。

16.斯文·赫定:《亚洲腹地探险八年1927—1935》，徐十周、王安洪、王安江译，新疆人民出版社，1992年。

17.陶保廉:《辛卯侍行记》，中国国际广播出版社，2016年。

18.邓九刚:《茶叶之路——欧亚商道兴衰三百年》，内蒙古人民出版社，2000年。

19.彼得·弗兰科潘:《丝绸之路:一部全新的世界史》，邵旭东、孙芳译，浙江大学出版社，2016年。

20.罗伯特·芬雷:《青花瓷的故事:中国瓷的时代》，郑明宣译，海南出版社，2015年。

21.新疆维吾尔自治区地方志编纂委员会、《新疆通志·公路交通志》编纂委员会:《新疆通志·公路交通志》(第48卷)，新疆人民出版社，1998年。

22.林则徐:《荷戈纪程》，中国国际广播出版社，2016年。

23.林竞:《亲历西北》，新疆人民出版总社、新疆人民出版社，2013年。

24.钱云、金海龙等编著《丝绸之路绿洲研究》，新疆人民出版社，2010年。

25.赵予征:《丝绸之路屯垦研究》，新疆人民出版社，2010年。

26.刘洁山:《老奇台史话》，刘忠信主编《印象老奇台》，奇台县老奇台镇人民政府，2015年。

27.陈国灿编著《高昌社会的变迁》，新疆人民出版社总社、新疆科学技术出版社，2013年。

28.殷晴：《探索与求真——西域史地论集》，新疆人民出版社，2011年。

29.别夫佐夫：《别夫佐夫探险记》，佟玉泉、佟松柏译，新疆人民出版总社、新疆人民出版社，2013年。

30.娜仁高娃、阿不都热西提·亚库甫编著《瑞典德国藏清末民初新疆的影像文献》，新疆人民出版总社、新疆人民卫生出版社，2016年。

31.新疆通志·商业志编纂委员会、新疆通志·外贸志编纂委员会、新疆维吾尔自治区档案馆编《新疆商业外贸史料辑要》第1辑，内部发行，1990年。

32.左宗棠撰，刘泱泱等校点《左宗棠全集》，岳麓书社，2014年。

后　记

2019年初，昌吉回族自治州党委宣传部启动"丝绸之路文化丛书"项目。在奇台县委县政府及宣传部的支持下，笔者承担了《古城驼铃——湮没的丝路奇台商道》一书的写作任务。目的在于用通俗易懂的语言，将历史上古城奇台的社会发展变化，生动如实地叙述出来，以飨读者。接受这一任务之后，才逐步明白这样的写作难度十分巨大。在奇台县委宣传部的大力帮助下，首先参考利用了政协奇台县委员会编印的《奇台文史》(内部资料)，奇台县史志编纂委员会编的《奇台县志》；随后在自治区文史资料馆和乌鲁木齐市文史资料馆查阅了大量的馆藏文献资料，并有幸获得不少珍贵的第一手资料。此外，还参阅了多篇学术界关于新疆史、奇台史的学术研究资料，由于这些研究成果的专业性、学术性较强，且篇幅较大，不便于一般性阅读，因而做了一些通俗性的改写。

民国时期、中华人民共和国时期，已经不存在奇台地区民族大轮替、社会大变迁的问题了，故本书编写止于清末民国初年。

在此，要特别感谢昌吉州党委宣传部、奇台县委县政府、奇台县委宣传部、奇台县文物局等各级机构与领导及相关的工作人员，没有他们的悉心指导，没有他们在寻找资料时的耐心协助，没有他们自始至终的支持和鼓励，这本书就不可能完成。

在奇台考察期间，笔者走访了当地的知名人士，走访了最后的驼客，他们对奇台的历史典故如数家珍，让我受益匪浅。写作过程中还有很多朋友为我提供了无尽的资料、思路等方面的帮助，他们各具风格的写作方式及文采，从不同侧面启发了我，使我的写作得以顺利进行。在此，对所有关心帮助过我的领导、老师、朋友和家人表达由衷的感谢。